PowerPoint 课件制作与技巧案例研究

龚 键◎著

时代文艺出版社

图书在版编目（CIP）数据

PowerPoint课件制作与技巧案例研究 / 龚键著.

长春：时代文艺出版社，2024.9. -- ISBN 978-7-5387-7693-5

Ⅰ．G436

中国国家版本馆CIP数据核字第2024NU4039号

PowerPoint课件制作与技巧案例研究
PowerPoint KEJIAN ZHIZUO YU JIQIAO ANLI YANJIU

龚　键　著

| 出 品 人：吴　刚 |
| 责任编辑：陈　阳 |
| 助理编辑：赵兵欣 |
| 装帧设计：文　树 |
| 排版制作：隋淑凤 |

出版发行：时代文艺出版社
地　　址：长春市福祉大路5788号　龙腾国际大厦A座15层（130118）
电　　话：0431-81629751（总编办）　0431-81629758（发行部）
官方微博：weibo.com/tlapress
开　　本：710mm×1000mm　1/16
印　　张：12.5
字　　数：200千字
印　　刷：廊坊市广阳区九洲印刷厂
版　　次：2024年9月第1版
印　　次：2024年9月第1次印刷
书　　号：ISBN 978-7-5387-7693-5
定　　价：86.00元

图书如有印装错误　请与印厂联系调换　（电话：0316-2910469）

前　言

在当今信息化教育飞速发展的时代，多媒体课件已成为现代教学不可或缺的重要工具。其中，PowerPoint 作为微软 Office 套件中的一款演示文稿制作软件，凭借其直观的操作界面、丰富的功能组件以及广泛的兼容性，深受广大教育工作者和学生们的喜爱。然而，仅仅掌握 PowerPoint 的基础操作还远远不够，如何制作出既美观又实用、既能吸引学生注意力又能高效传达知识的课件，成为每一位教育工作者不断探索和实践的课题。

正是基于这样的背景，作者结合自身三十年的教学经验，通过对当前大学《多媒体课件制作》教材的分析，结合信息技术的发展以及教师教学的具体需求，对 PowerPoint 制作课件的基本知识点进行了重构。通过具体的案例讲解，将技巧应用到制作 PPT 教学课件中，使课件能充分激发学生学习兴趣，培养学生的创新能力。

《PowerPoint 课件制作技巧与案例研究》旨在通过系统而深入的讲解，结合丰富的实战案例，帮助读者从 PowerPoint 的初学者成长为能够灵活运用各种高级技巧制作高质量课件的制作者。

本书从基础操作到高级技巧，到 PowerPoint 课件制作的素材准备到整体设计；从文字处理到图片、图形、音频、视频等多媒体元素的整合应用，再到动画效果、交互设计，力求做到课件内容全面而细致。同时，注重理论与实践的结合，通过大量案例，让读者在动手实践中掌握技巧，提升能力。

此外，本书还精选了多个典型的案例，这些案例不仅展示了 PowerPoint 在教育教学中的广泛应用，也为读者提供了宝贵的参考和灵感。

衷心希望本书能够成为广大教育工作者在 PowerPoint 课件制作道路上的得力助手，也期待每一位读者都能在阅读本书的过程中有所收获，不断提升自己的课件制作水平，为教育事业的发展贡献自己的智慧和力量。

目 录

第一章 认识 PowerPoint 软件

第一节　PowerPoint 概述 …………………………………………… 001

第二节　PowerPoint 的几个概念 …………………………………… 002

第三节　PowerPoint 课件分类 ……………………………………… 003

第四节　优秀 PowerPoint 教学课件的标准 ……………………… 004

第五节　PowerPoint 的基本操作 …………………………………… 009

第二章 PowerPoint 课件中文字处理技术

第一节　概述 …………………………………………………………… 030

第二节　PowerPoint 课件中文字的输入 ………………………… 030

第三节　PowerPoint 课件中文字的设置 ………………………… 036

第四节　PowerPoint 课件中特殊符号的输入 …………………… 043

第五节　PowerPoint 课件中文字使用常见问题及解决方法 …… 044

第三章 PowerPoint 课件中图片处理技术

第一节　概述 …………………………………………………………… 045

第二节	PowerPoint 支持哪些图片格式 ……………………………………	046
第三节	图片的插入 …………………………………………………………	047
第四节	图片的编辑处理 ……………………………………………………	052
第五节	课件制作中图片应用中注意事项 …………………………………	061

第四章　PowerPoint 课件中图形处理技术

第一节	概述 …………………………………………………………………	063
第二节	绘制自选形状 ………………………………………………………	063
第三节	绘制形状的一些操作技巧 …………………………………………	065
第四节	几种特殊图形的绘制 ………………………………………………	067
第五节	图形的层次、组合、对齐和旋转 …………………………………	068
第六节	图形的更改与顶点编辑 ……………………………………………	071
第七节	图形的布尔运算 ……………………………………………………	073
第八节	应用案例 ……………………………………………………………	075

第五章　PowerPoint 课件中音频处理技术

第一节	概述 …………………………………………………………………	080
第二节	音频在课件中的作用 ………………………………………………	080
第三节	在 PowerPoint 课件中插入音频文件 ……………………………	081
第四节	在 PowerPoint 中插入背景音乐的新方法 ………………………	084
第五节	录制和使用旁白 ……………………………………………………	085

第六章　PowerPoint 课件中视频处理技术

第一节	概述 …………………………………………………………………	086
第二节	视频在课件中的作用 ………………………………………………	087
第三节	在 PowerPoint 课件中插入视频和播放设置 ……………………	088

第七章　PowerPoint 课件中母版使用技术

第一节　什么是母版 …… 099
第二节　PowerPoint 母版设计 …… 099
第三节　个性化母版的制作 …… 101

第八章　PowerPoint 课件中动画制作技术

第一节　幻灯片切换动画的设置和操作 …… 105
第二节　平滑切换动画的设置与应用 …… 108
第三节　对象动画的应用 …… 114
第四节　触发器与动画刷的使用 …… 123

第九章　PowerPoint 课件中交互设计技术

第一节　超链接的作用和基本操作 …… 127
第二节　使用动作创建超链接、动作按钮的插入 …… 132
第三节　缩放定位的应用 …… 135

第十章　PowerPoint 制作教学课件的技巧案例

案例 1　用图片制作动态的 PowerPoint 封面 …… 141
案例 2　利用文本框的文本效果来制作 PowerPoint 封面 …… 145
案例 3　卷轴动画的制作 …… 147
案例 4　温度上升与下降动画制作 …… 149
案例 6　探照灯文字效果 …… 155
案例 7　翻牌游戏 …… 158
案例 8　能判断正误的选择题 …… 161
案例 9　有声挂图（认识动物） …… 164

案例 10　摆运动 ·· 167

案例 11　三角形内角和 ·· 174

案例 12　拍篮球 ·· 172

案例 13　滚动的数字 ··· 175

案例 14　汉字笔画书写顺序 ····································· 179

后记 ·· 183

参考文献 ·· 188

第一章 认识 PowerPoint 软件

第一节 PowerPoint 概述

PowerPoint 是一个制作演示文稿、简报的可播放软件，也是 Microsoft Office 系统中的一个重要组件，简称 PPT。它是当今世界上流行且简便的幻灯片制作和演示工具之一。

自 1987 年 PowerPoint1.0 上市以来，PowerPoint 的版本不断更新发展，在本书中选择了 PowerPoint2019 版本。

一、PowerPoint 的主要用途

PowerPoint 可以制作出图文并茂、色彩丰富并且具有感染力的宣传文稿、演讲文稿等等；可以制作出动画影片，并通过投影机直接投影到银幕上，以产生影片的效果；还可以制作出图形圆滑流畅、文字优美的流程图或规划图。PowerPoint 在演讲和教学等场合有很大的帮助。

二、PowerPoint 的主要特点

（一）具有强大的功能。文字编辑功能强，文件格式多样、段落格式自由、绘图手段齐全、色彩表现丰富、图片处理能力强、动画效果真实等等。

（二）易学易用，通用性强。PowerPoint 是基于 Windows 操作系统下

专门用于制作演示文稿的软件，其界面与 Windows 界面相似，使用方法与 Word、Excel 相同，软件提供多种幻灯片版面布局，有多种模板供用户选择使用。

（三）具有强大的多媒体展示功能。PowerPoint 演示文稿的内容可以是文字、图形、图片、图表及声音、视频，并且有较好的交互功能和演示效果。

（四）具有较好的 Web 支持功能。利用 PowerPoint 的超级链接功能，可将作品发送到互联网上，与他人共享资源。

第二节　PowerPoint 的几个概念

一、演示文稿

PowerPoint 软件生成的文件，通常是以 .ppt 或 .pptx 为扩展名。pptx 是 PowerPoint 2010 后的版本保存的默认文档格式，通常也叫 PowerPoint 课件或 PPT 课件。

二、幻灯片

幻灯片指演示文稿中的某一页，包括编辑区、备注区等，每页都可称作为一个幻灯片，但不能称为一个演示文稿。两者的关系：一个演示文稿是由多张的幻灯片组成的，每张幻灯片都是演示文稿中既相互独立又相互联系的内容。

三、PPT

PPT 是人们对演示文稿及幻灯片的习惯称呼，可以表示一页幻灯片，可以表示多页，也表示对应文件。

四、点位符

点位符一般在新建的一张幻灯片中都会出现。如图 1-1 所示的"占位符"，它是用来提示在幻灯片中插入内容的符号，只起到提示作用，在放映时并不会显示出来。

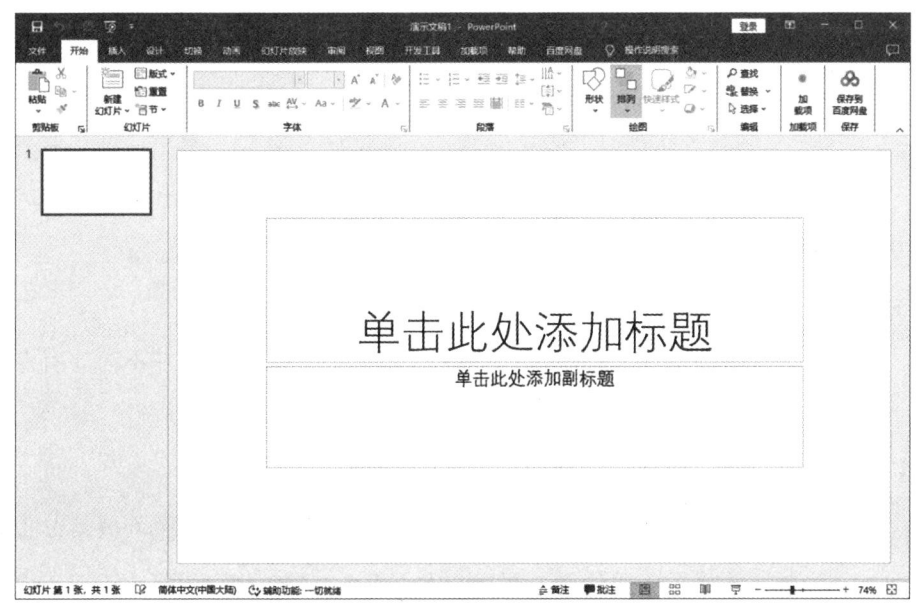

图 1-1

第三节　PowerPoint 课件分类

一、教学类 PPT

教学类 PPT 是广泛应用于教学工作的幻灯片文档，通常称作 PPT 教学课件。教学类 PPT 需要有专人讲解，观众通过展示页的内容进行学习。相比传统教学形式，加入了 PPT 的课堂更有趣味性，在抽象概念展示等理科教学场景中有着不错的表现。

同时 PPT 教学课件也可以减少老师在板书上花费的时间，将课程需要的内容提前在 PPT 上做好，在课堂上就可以直接使用。教学类 PPT 注重内容的传输，而不太看重设计的风格，并且它们的创作者大多是职业教师。

二、演讲类 PPT

演讲类 PPT 不像教学类 PPT 注重内容的传输。演讲类 PPT 作为演讲者的背景，大多数内容是演讲者自身进行输出的，并不需要将全部的内容放在 PPT 上。

演讲类 PPT 设计风格可以更加随意，各类图片素材、表格、视频使用频繁，较为注重视觉效果，带有明显的设计痕迹。这类 PPT 既可以帮助演讲者调控演讲的节奏，也可以作为观众梳理内容框架的工具。

三、动画类 PPT

与前两种 PPT 不同的是，动画类 PPT 的内容是完整的，并不需要有专人进行讲解，也不是帮助演讲的工具。PPT 本质上就是一种动画演示工具，因此用 PPT 来做一些类似视频的动画是可行的。

动画类 PPT 可以通过自动翻页的方式向观众传达一个完整的故事，也可以转换成视频格式下载传播，在专业人士手中，PPT 也可以做出不亚于电影的表达效果。

第四节　优秀 PowerPoint 教学课件的标准

评价一个 PPT 课件是否优秀，并不是只看这个课件是否有华丽的界面，而是要先看这个课件是否实现了其应有的作用。比如，教学设计是否明确，内容呈现是否科学，技术运用是否得当，艺术效果是否美观，课件创新是否巧妙等。

课件可以响应学习者特定的操作，为每个学习者实现特定的学习反馈，为学习者提供相关的支持和认知工具。在课件中形成一定的教学策略，比如利用课件可以代替教师的板书，代替部分内容的讲解，统计学习者的学习情况等。从内容来看，课件又有别传统的学习材料，相比书本式的印刷材料，课件具有更加丰富的表现形式，可以为学习者创设学习情景，直观化、多样化呈现知识。

要实现这些应有的功能，课件离不开教学设计，这也是课件制作的核心，即为实现特定的教学目标而设计的教学策略和教学过程。所以，衡量一个课件的好坏，要看课件的教学设计和教学设计实现得如何。在一些课件比赛作品中，很多人都刻意追求复杂的技术来制作绚丽的界面，以及特别的应用动画，这样就背离了课件设计的目的，形成了"参赛型课件"。

什么是公认的好课件？如何评价一个课件的好坏？多媒体课件要体现先进的教育思想，探索新的教学模式，并能充分发挥计算机和网络的优势。要求在教学设计、内容呈现、技术运用、艺术效果和创新性等方面符合这五点要求。

一、目的性

课件最重要的作用就是解决教学过程中，使用其他教学手段无法解决的问题。因此在评价一个课件时，首先要看它的教学设计思想和教学策略是否清晰，教学对象和目标是否明确，要看它能够解决哪些内容，能够实现哪些教学目的。

多媒体课件可以运用适当的教学策略指导学习者学习，更好地体现"因材施教的个别教学化"，以学生为主体，教师为主导，这也是课件交互性的体现。优秀的课件可以实现教学设计及教学策略，如果一个课件不能体现出一定的教学设计思想与教学策略，那只是教学内容的堆砌。

另外，课件可以直接通过图形、图片、声音、视频、动画逼真地展现多姿多彩的视听世界，还可以通过设计对宏观或微观事物进行模拟，使抽象、无形的事物进行生动、直观的展现，并对复杂过程进行简化再现。

具体来说优秀课件应该符合以下几个方面的要求。

（一）课件必须服务于教学实践，能真正应用到实际中，不能只是"参赛课件"。

（二）教学内容符合学生认知水平和特点。教学内容的选材要适当，逻辑层次清楚，重点、难点突出。

（三）教学策略合理，有助于支持自主学习、协作学习或探究式学习，有利于激发学生的学习兴趣，增强学生主动参与和全面发展、个性化发展。

（四）符合新课改要求，课件要以学生为中心，倡导学生主动参与、乐于探究、勤于动手，从灌输走向引导，变"要我学"为"我要学"，从"重结果"走向"重过程"，变"学会"为"会学"。

（五）正确对待教学设计，不能把课件当成是"电子黑板"。不要被教学设计束缚住，要给课件赋予生命力，将课件做"活"。

例如：在五年级学习《认识圆》一课时，当学生对"车轮为什么做成圆的而不是方的"这个问题难以理解时，就可以通过PPT自定义动画中的陀螺旋，并配合动作路径，实现圆形车轮和方形车轮同时转动运行的动画效果。学生在愉悦的氛围中轻松地发现，圆形车轮又快又稳，而方形车轮不仅速度慢而且颠簸不断。在观察讨论的基础上，学生真正理解了车轮做成圆形的原因，即圆心到圆上的距离处处相等，所以圆形车轮能够平稳前行。

二、科学性

课件的科学性有两层含义：一是指课件内容没有错误、层次清晰、逻辑严谨，没有出现知识性的错误；二是指课件的表现形式、所使用的素材、动画和模拟内容要符合科学规律、自然规律。

教学内容的准确无误是非常重要的，课件中的每一个字、每一张图片，都必须正确。多媒体课件的特点就是通过多媒体特性可以让学习者留下深刻的印象，但是，如果因为课件表达的不正确，让学习者记住的是错误的信息，那就适得其反了。

优秀课件在科学性上应该符合以下几个方面的要求。

（一）内容呈现的结构应能符合学习认知规律，满足教学要求。

（二）素材选用恰当，表现方式简洁合理。

（三）教学内容正确，无科学错误。

（四）文字、符号、单位和公式符合国家标准。

在课件中出现的错误有些是常识性的，有的是粗心所致，课件制作应保持准确性、科学性。

三、技术性

课件是学习过程中使用的电脑程序，既然是程序，在设计和制作过程中，就要涉及各种技术的运用。课件中的技术性是指课件开发所采用的工具与使用的功能，以及实现的课件交互方式。另外，课件的技术性还体现在课件运行的兼容性与稳定性。针对技术性而言，优秀课件应该符合以下几个方面的要求。

（一）根据教学内容、教学思路和学生认知情况，选择恰当的素材和应用软件进行设计。

（二）课件运行环境友好，兼容性好，能在不同计算机上正确运行，字体能够正常显示，外部链接文件能正常播放。

（三）课件运行稳定，无故障，响应及时，播放流畅，没有"死机"现象，没有导航、链接错误，容错性好。

（四）知识定位清楚，导航、检索、帮助等辅助功能要方便合理。

（五）操作方便、灵活，交互性强，启动时间、链接转换时间短。

（六）课件交互设置合理，要求能响应操作者的错误操作。

有的教师在设计课件时，喜欢在片头制作上花费很多精力，动画、音乐、视频齐上阵，片头效果华丽之极。其实课件节奏要设计得合理，不能太拖拉。课件片头之类与教学无关的画面不能太长，几秒即可。另外，在PPT课件中少用一些特效，例如课件中每一行文字都使用"飞出"效果很耽误时间。

交互技术的好坏，通常是一个课件获得技术评价的重要指标。在课件中通常体现在对鼠标和键盘的动作做出响应。其中又以鼠标动作为主，例如典型的单击交互、拖拽交互等。有些 PPT 课件只是将教学内容按照顺序简单地呈现，没有任何交互设计，这样的课件只是对教案文字的搬家，课件的设计者并没有把自己对于教学的想法，包括教学目的内容、实现教学活动的教学策略、教学的顺序、控制方法等用计算机程序描述和呈现出来。

四、艺术性

课件的艺术性简单地说就是课件是否美观好看，一个优秀的 PPT 课件一定是构图合理，色彩协调，风格统一。

课件的艺术性主要体现在课件的界面设计与课件所使用屏幕对象的艺术性上，影响课件艺术性因素很多：界面布局、使用的色彩、字体、动画、声音等等。

教学用多媒体课件不同于其他多媒体作品，它并不追求色彩的艳丽、动画的多样，简洁统一才是课件艺术性的基本原则，简洁与统一本身也是对应的，只有统一才有可能做到简洁，界面简洁的课件才能保证让学习者将注意力集中到课件的教学内容上来，统一简洁的界面也可以提高课件的易用性。具体来说优秀课件在艺术性上应该符合以下几个方面的要求。

（一）界面布局合理、新颖、活泼、有创意，整体风格统一，导航清晰简洁。

（二）色彩搭配协调，视觉效果好，符合视觉心理。

（三）语言简洁、生动，文字清晰、版式规范、字体运用恰当。

（四）视频、动画形象生动，声画同步，有感染力。

（五）除了必须要借助动画表现课件内容和控制课件内容出现顺序外，过渡性的动画与切换效果尽可能统一。

（六）各种媒体制作精细，吸引力强，激发学习兴趣。

（七）使用风格一致的模板或背景。

平面视觉效果的美感是评判一个课件艺术性的重要因素，除此以外，配音、动画、视频等课件内容也需要具备艺术性。

课件中的配音可以分解说、动作音效和背景音乐。其中，动作音效的作用有限，不宜过大；背景音乐常常用来构建情境，所以主题音乐的选择一定要适合授课内容。

动态效果的添加要有目的性。一些制作者将与主题无关的场景和动画元素都塞进课件中，虽然看起来花哨，但却对揭示主题毫无意义。

五、创新性

创新是课件的生命力。优秀课件在创新性方面应该符合以下几个方面的要求。

（一）立意新颖、构思独特、设计巧妙。

（二）具有想象力和个性表现力。

（三）运用新技术并使用得当。

创新不是标新立异，不是光怪陆离的技术展示。创新要在如何实现新课标的要求上做文章。新课标要求教师在课堂上组织好学生的自主学习，积极培养学生的思维能力，优秀的课件就应该在这一点上下功夫。

例如，小学低年级的语文课件中，识字教学部分大都是拼音、结构、解释和笔顺动画显示。如果我们教师在课件中设计成，由两只小鸡拖着"力"和"口"字从两边到屏幕中间，拼成了一个"加"字，这样使"加"字的字形和意义都在这个简单的动画中得到形象的显现，这就是创新。

第五节　PowerPoint 的基本操作

PPT 课件的制作大多是对课件所需素材的加工与处理，为了提高我们课件制作的效率，在这里我们先来学习有关 PowerPoint 软件的一些基本操作及技巧。

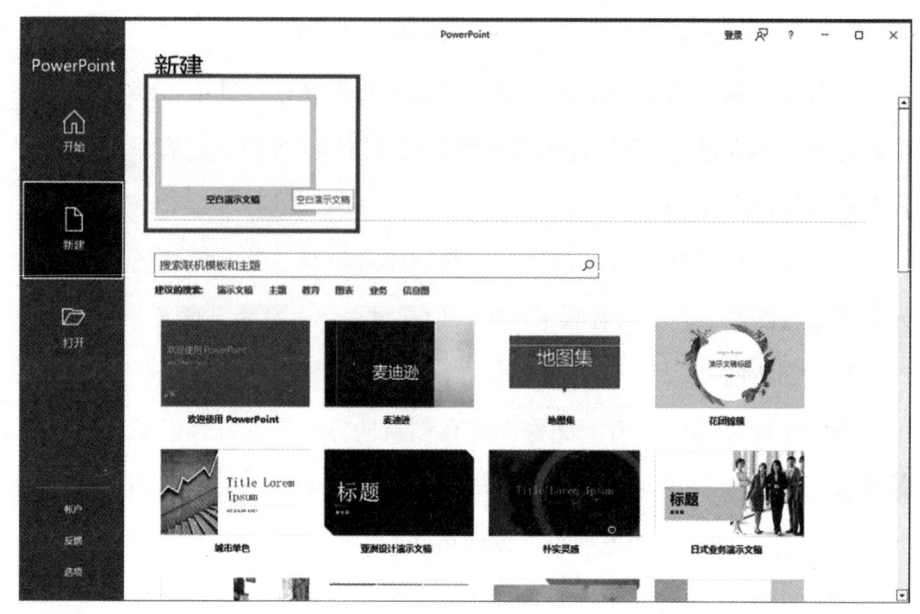

图 1-2

五、创建新演示文稿

（一）创建新空白演示文稿

在启动 PowerPoint 软件的过程中，选择"空白演示文稿"，如图 1-2 所示，即可创建空白演示文稿，如图 1-3 所示。

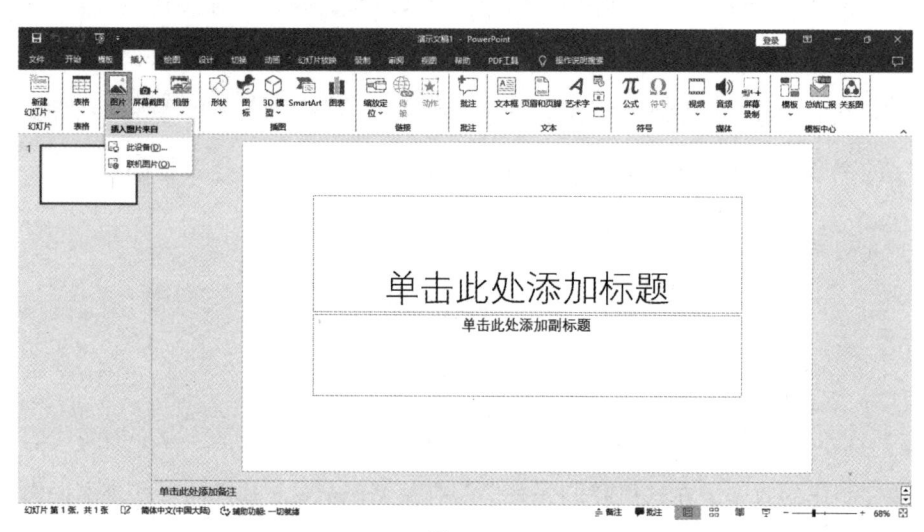

图 1-3

也可以在打开的演示文稿中，通过"文件"菜单下的"新建"或直接单击"快速访问工具"中的"新建"按钮得到。

（二）创建模板演示文稿

在启动 PowerPoint 软件的过程中，在预览框中选择一个模板，点击"创建"，如图 1-4 所示，即可得到一个模板演示文稿。

图 1-4

也可以通过"搜索联机模板和主题"直接从网上下载一个相关类型的模板。

二、对演示文稿的一些设置

（一）快速工具栏设置

在 PPT 的操作过程中，我们可以根据自己的习惯结合常用的操作，把最常用的一些操作命令按钮添加到界面左上角的快速访问工具栏中，例如对文件的新建、打开、保存、关闭等等。

方法 1：点击演示文稿窗口快速访问工具栏右边的"自定义访问工具栏"按钮，在弹出的对话框中多选需要添加的命令即可，如图 1-5 所示。

PowerPoint 课件制作与技巧案例研究

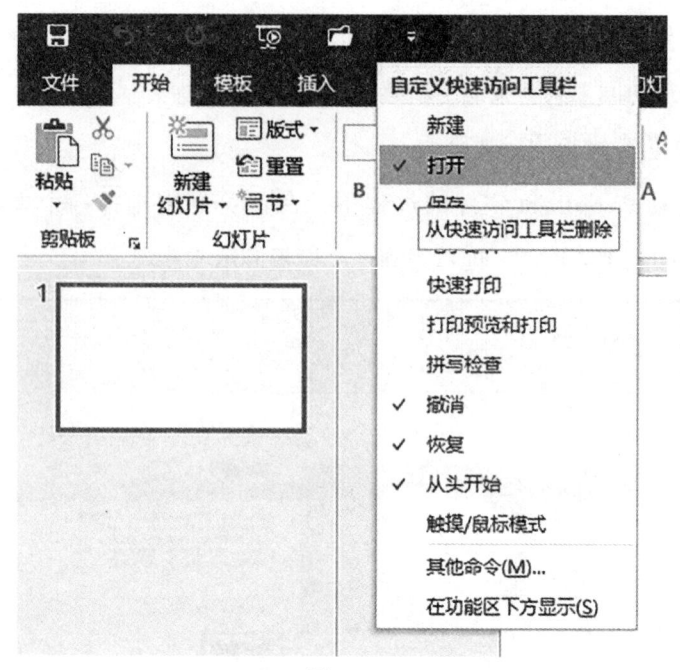

图 1-5

方法 2：如想添加弹出的对话框没有的命令按钮，可以通过点击"其他命令"进入"PowerPoint 选项"对话框，如图 1-6 所示，在右边框中选择要添加的命令，点击"添加"，将其添加到左边框后，点击"确定"即可。

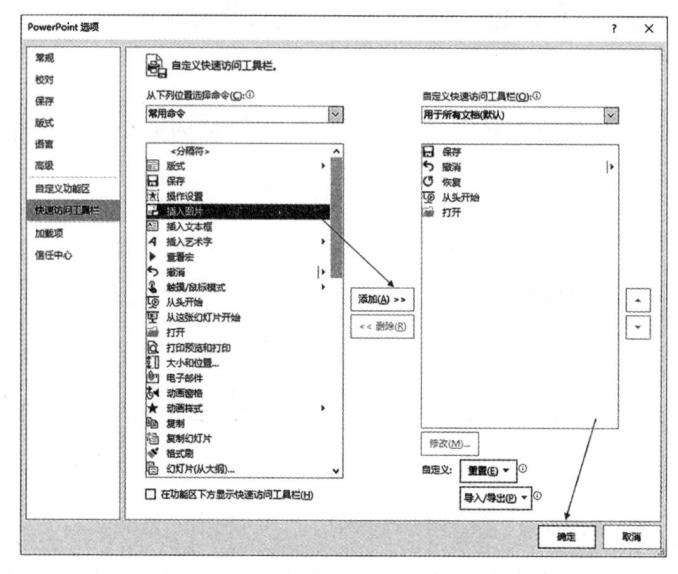

图 1-6

这个操作也可以点击"文件"→"选项"→"快速访问工具栏"或者在 PowerPoint 功能区右击鼠标→"自定义快速访问工具栏",弹出"PowerPoint 选项"对话框来完成设置。

(二)自定义功能区

在 PPT 的制作过程中,为了方便操作,可以根据自己的操作习惯设置出方便自己操作的功能区,这个设置和前面的自定义快速访问工具栏一样。点击"文件"→"选项"→"自定义功能区"或者在 PowerPoint 功能区右击鼠标→"自定义功能区",弹出"PowerPoint 选项"对话框来完成设置,如图 1-7 所示,在这时我们可以更改主选项和工具选项卡(即浮动工具栏),还可以自己创建选项卡,以重新整理功能命令。

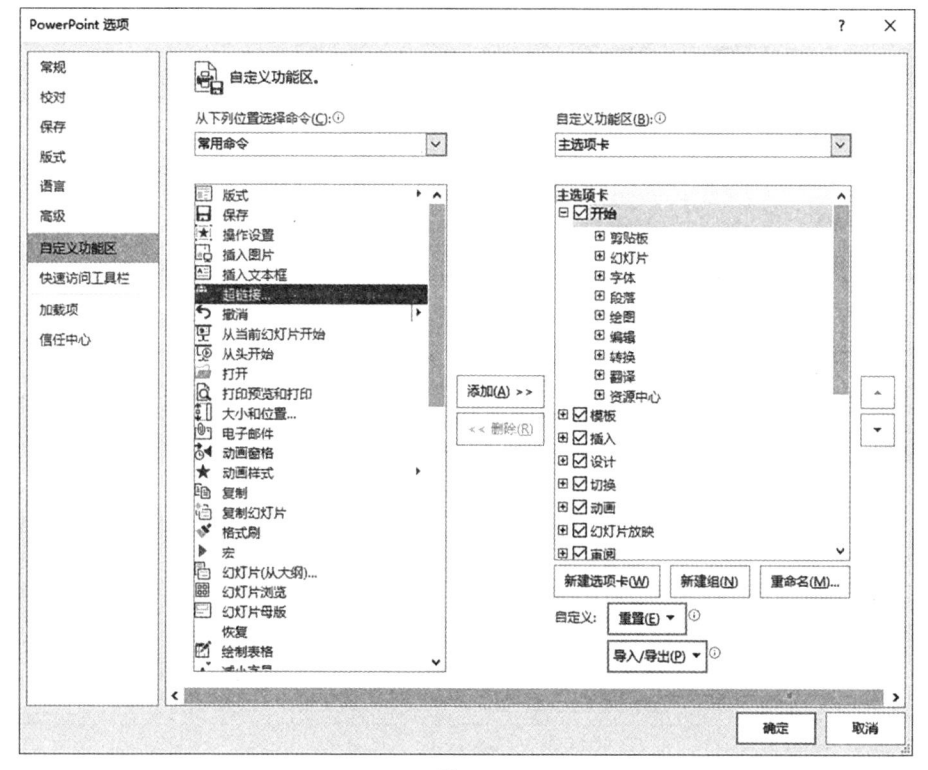

图 1-7

完成个性工具栏和快速访问工具栏设置后,我们还可以将此设置导出为 .exportedUI 配置文件,方便今后重装系统或在其他电脑上导入配置文件。

（三）其他选项的设置

在 PowerPoint 选项对话框中，除了前面讲的自定义功能区和快速访问工具栏的自主设置外，还可以对 PowerPoint 选项的其他项目进行一些更改，以符合 PPT 课件制作的个性需求，比如可通过"高级"选项更改 PowerPoint 的撤销次数、通过"保存"选项更改文档自动保存的方式，等等，如图 1-8 所示。

（四）演示文稿的浏览

PowerPoint 提供了多种视图方式，各种视图间相互的切换可以通过点击状态栏右侧的"视图快捷键" 回 88 呈 早 来实现，也可以从打开的"视图"选项卡中选择相应的命令来进行切换。

图 1-8

1. 普通视图

在普通视图下包含幻灯片窗格、大纲窗格和备注窗格三个窗格，这些方便使用者可以在同一位置使用演示文稿的各种特征。拖动窗格的边框可以调整其窗格的大小。

（1）幻灯片窗格

幻灯片窗格位于整个窗口的中间位置，一般比另外两个窗格都大，在幻灯片窗格中，可以编辑当前幻灯片中各对象并查看其整体外观，也是每张幻灯片所有对象的详细设计区域，可以对其中的文字、图形等等对象进行加工处理。

（2）大纲窗格

大纲窗格位于整个窗口的左边，适合用来构思整个演示文稿中文本的层次结构框架，把握总体思路，可以键入演示文稿中的所有文本，然后重新排列项目符号点、段落，可以鼠标直接拖动幻灯片来编辑其演示顺序，所有的正文文本部分可以在大纲中进行编辑，但大纲缩略图中不显示幻灯片中各种图形、图片等元素。

（3）备注窗格

备注空格可提供用户与观众共享的演说者备注信息，可以提示播放幻灯片时容易忘记的内容。如果需要在备注中含有图形，必须向备注视图中添加备注。

2.幻灯片浏览视图

在这个视图中，用户能清楚地看到整个演示文稿中的幻灯片的排列顺序和前后搭配的效果，这些幻灯片是以缩略图的形式显示的，同时也提供了幻灯片的切换效果、设置动画、预览动画、排练计时等功能。

3.幻灯片阅读视图

幻灯片编辑制作的过程中，可以随时运用幻灯片阅读视图来全屏方式观察每一张幻灯片的效果，以便进行修改。

4.幻灯片放映

每当幻灯片制作完成后，都要看看其播放效果。在幻灯片放映中，用户可以在屏幕上对 PPT 课件进行审阅，此时幻灯片按顺序全屏播放，单击鼠标左键或敲回车键或空格键显示下一张幻灯片，按 Esc 键或鼠标右击后点"结束放映"退出幻灯片播放状态，当然，所有幻灯片播放完后也会恢复原样。

三、有关幻灯片的各种操作

应用 PowerPoint 制作的教学课件，是由若干张幻灯片组成，这些幻灯片上插入有需要的相关素材，对这些素材进行了加工处理，或设置动画效果，最后按照幻灯片顺序从头到尾进行播放运用到其教学过程，当然，也可以为对象创建超级链接来改变幻灯片的播放顺序。

幻灯片在 PPT 课件设计中处于核心地位，有关幻灯片的操作包括幻灯片的选择、插入、删除、移动和复制等等，这些操作既可以在"普通视图"下进行，也可以在"幻灯片浏览视图"下进行。下面以"普通视图"为例，介绍有关幻灯片的各种操作。在"普通视图"下，PPT 主窗口的左侧是"大纲编辑窗口"，显示了当前演示文稿内所有幻灯片的缩略图，每张幻灯片前的序号表示它在播放时所处的顺序，通过拖动滚动条可显示其余幻灯片，有关幻灯片的操作在该区域进行。

（一）插入幻灯片

在创建空白演示文稿中，一般只有一张幻灯片，在设计过程中感到幻灯片不够用时，就需要插入幻灯片。插入幻灯片有四种方法，分别是：

方法一：先选择某张幻灯片，然后单击菜单"插入"→"新幻灯片"，当前幻灯片之后就被插入了一张新幻灯片。

方法二：先选择某张幻灯片，然后单击格式工具栏的"新幻灯片"按钮，当前幻灯片之后被插入了一张新幻灯片。

方法三：右击某张幻灯片，然后选择弹出菜单中的"新幻灯片"项，该张幻灯片之后被插入了一张新幻灯片。

方法四：先选择某张幻灯片，然后按"回车"键，当前幻灯片之后被插入了一张新幻灯片。

（二）选择幻灯片

在对幻灯片的操作中，要求先选择幻灯片，对幻灯片的选择包括单选和多选，其中多选又包括连续多选（相邻的多张幻灯片）和非连续多选（不相邻的多张幻灯片），操作方法如下：

1.单选：在左边的大纲窗格中单击需要选定的幻灯片缩略图，如图1-9所示，左侧有黄色方框的幻灯片尾缩略图，该幻灯片被称作"当前幻灯片"，可在幻灯片窗格对其中的对象进行编辑处理。

图1-9

2.连续多选：在左边的大纲窗格中先单击相邻多张幻灯片的第一张，然后按住Shift键，单击最后一张。如图1-10所示，有黄色方框的第3~7号，共5张幻灯片被选中。

3.非连续多选：在左边的大纲窗格中先单击1张幻灯片，然后按住Ctrl键，单击需要选择的幻灯片。如图1-11所示，已选中第4、6、7号，共3张幻灯片。

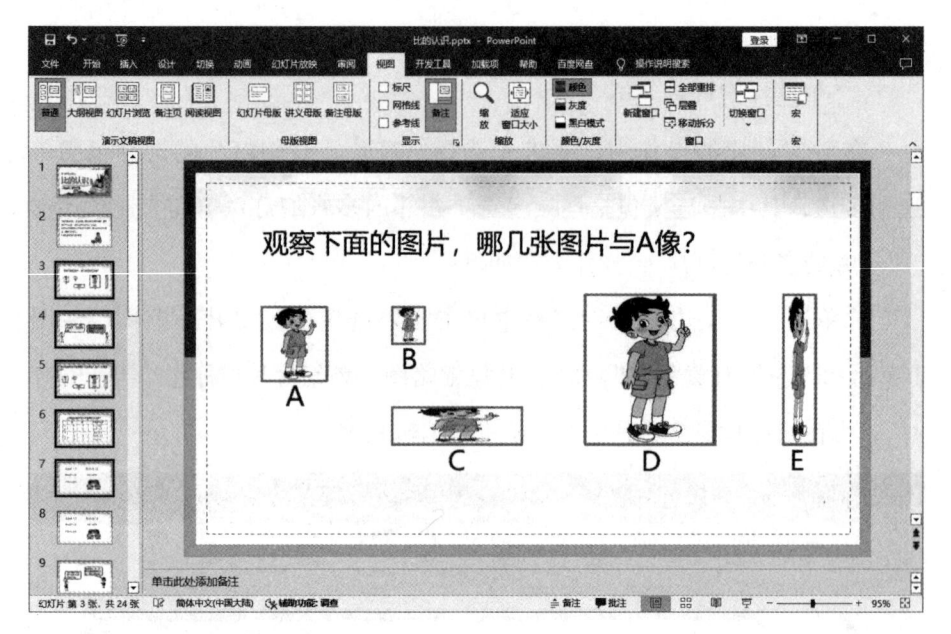

PowerPoint 课件制作与技巧案例研究

图 1-10

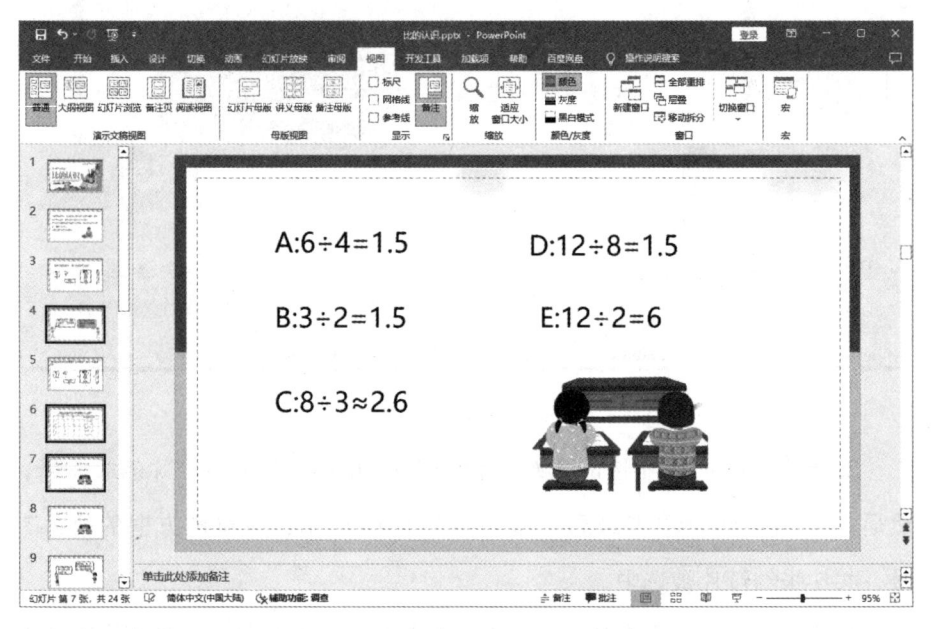

图 1-11

（三）幻灯片的删除

若某张（些）幻灯片不再有用，就需要删除幻灯片。删除幻灯片有三种方法，分别是：

方法一：选择欲删除幻灯片（可以多选），然后按键盘上的"Delete"键，被选幻灯片被删除，其余幻灯片将顺序上移。

方法二：选择欲删除的幻灯片（可以多选），然后选择菜单"编辑"→"剪切"，被选幻灯片被删除，其余幻灯片将顺序上移。

方法三：右击欲删除幻灯片（可以多选），单击鼠标右键，然后选择弹出菜单中的"删除幻灯片"项，被选幻灯片被删除，其余幻灯片将顺序上移。

（四）移动幻灯片

有时幻灯片的播放顺序不合要求，就需要移动幻灯片的位置，调整幻灯片的顺序。移动幻灯片有两种方法，分别是：

1. 拖动的方法：选择欲移动的幻灯片，按着鼠标左键不放，将它拖动到新的位置，在拖动过程中，有一条黑色横线随之移动，黑色横线的位置决定了幻灯片移动到的位置，当松开左键时，幻灯片就被移动到了黑色横线所在的位置。

2. 剪切的方法：选择欲移动的幻灯片，然后选择菜单"编辑"→"剪切"，被选幻灯片消失，单击想要移动到的新位置，会有一条黑色横线闪动指示该位置，然后选择菜单"编辑"→"粘贴"，幻灯片就移动到了该位置。

（五）幻灯片的复制

当需要多张相同内容的幻灯片时，可以复制幻灯片。复制幻灯片的方法是：

首先，选择需要复制的幻灯片。

然后，右击选中的幻灯片，在弹出菜单中选择"复制"项。

最后，右击复制的目标位置，在弹出菜单中选择"粘贴"项。

事实上，有关幻灯片的操作在"幻灯片浏览视图"下进行将更加方便和直观，大家可以自己尝试。

PPT 主窗口左下角有三个视图按钮，分别为"普通视图""幻灯片浏览视图"和"幻灯片放映",点击它们可以在不同视图之间切换。

（六）更改幻灯片版式

当用户对幻灯片的版式不满意时,可以选择其他版式对其进行更改。更改幻灯片版式的方法是:

选中需要更改版式的幻灯片,"开始"→"幻灯片"组→"幻灯片版式",在其列表中找到需要的版式后单击鼠标,如图1-12所示。

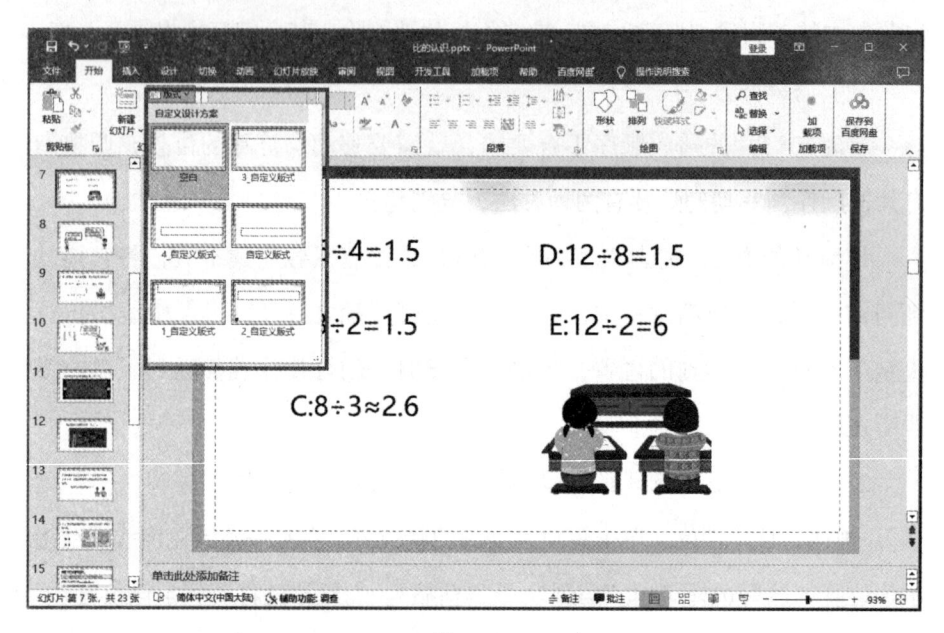

图 1-12

（七）改变幻灯片的大小和背景

幻灯片的大小一般有4∶3和16∶9两种规格可选,以前老式投影机用的是4∶3的,现在基本上都是采用宽屏的了,就要求选择16∶9的规格。对于幻灯片大小的设置最好是在新建演示文稿后就设置,不然将会带来幻灯片内容调整的麻烦。幻灯片大小的设置方法是:

通过"设计"选项卡→"自定义"组→"幻灯片大小",然后选取规格,如图1-13所示。

幻灯片的背景指的是幻灯片的底色,PPT默认的幻灯片背景为白色。为了提高演示文稿的可视性，我们往往要改变幻灯片的背景，PPT 提供了多种方法允许用户自行设计丰富多彩的背景。背景的种类包括单色、渐变、纹理、图案、图片和设计模板，下面分别介绍它们的实现方法。

图 1-13

1."设置背景格式"对话框

通过"设置背景格式"对话框，可以设置幻灯片的各种背景。调出背景对话框有两种方法：

方法一：选择"设计"选项卡→"自定义"组→"设置背景格式"，弹出"设置背景格式"对话框，如图 1-14 所示。

方法二：右击幻灯片空白区，弹出"设置背景格式"对话框。

在"设置背景格式"对话框中，背景填充有纯色填充、渐变填充、图片或纹理填充和图案填充四种填充方式，而在每种填充方式下都有多个参数可以用来调整背景得到你所需要的最佳效果。此外，还有"隐藏背景图片""全部应用""重置背景"三个按钮可根据需要自己选择，若当点击"全部应用"后，将设置的背景应用到所有幻灯片，并且新建的幻灯片自动应

PowerPoint 课件制作与技巧案例研究

用该背景。

图 1-14

2. 单色填充的设置

单色填充指背景使用单一的颜色，也称纯色，默认的白色背景就是一

图 1-15 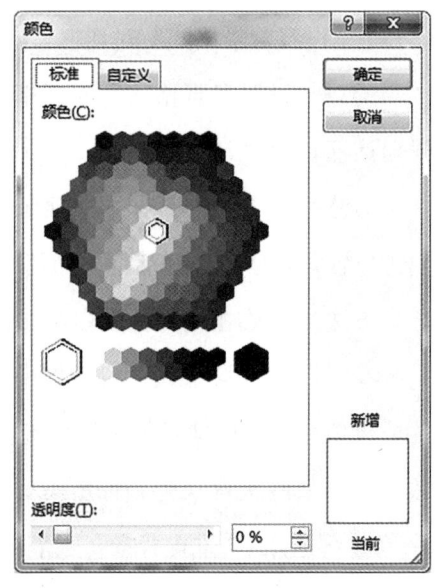　　　　　　　　　图 1-16

种单色背景。在"设置背景格式"对话框中，单击"颜色"按钮 ，选择"其他颜色"，弹出"颜色"对话框，该对话框有两个标签："标准"和"自定义"，如图1-15所示。

（1）标准

提供了256种标准色和16种由白到黑的灰度色，单击想要的颜色，确定即可。

（2）自定义

可通过两种方式选择颜色：如图1-16所示，单击中部的调色盘选择一种基本色，通过上下拖动右边滑块调整亮度，然后确定。另一种方式是直接在下方RGB颜色模式下输入红、绿、蓝的颜色值指定颜色。

通过调整"透明度"的值可以设置背景的透明度。

3.渐变填充的设置

渐变指的是由一种颜色逐渐过渡到另一种颜色，渐变色会给人一种炫目的感觉。在"设置背景格式"对话框中，选择"渐变填充"后，弹出多个可设置选项，如图1-17所示。

（1）预设渐变

在预设渐变中，软件预先设置好的有30个白色和其他颜色的双色渐变效果，直接点选即可应用到幻灯片中。

（2）类型

类型中分为线性渐变、射线渐变、矩形渐变、路径渐变，最常用的是线性渐变。

（3）方向

在方向中有8个渐变方向可选择。

图1-17

PowerPoint 课件制作与技巧案例研究

（4）角度

可调整渐变方向的角度，更加精确设置渐变的方向。通过类型、方向、角度的组合设置，将得到非常丰富的渐变效果。

（5）渐变光圈

渐变光圈主要是设置渐变的颜色和位置，默认的是 4 种颜色渐变，可以通过 [ ] 和 [ ] 按钮添加颜色或减少颜色。选定一个渐变光圈后，通过设定其颜色、位置、透明度、亮度来达到你想要的效果，如图 1-18 所示。

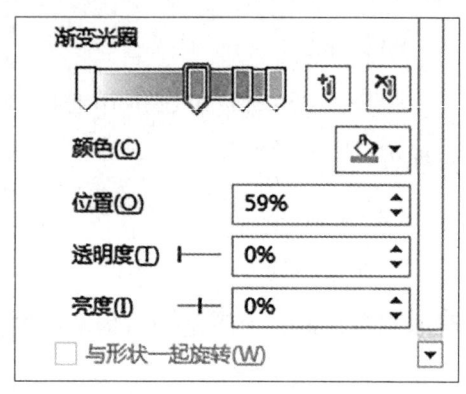

图 1-18

4. 图片或纹理填充

在幻灯片的设计过程中，我们可以选择图片作为幻灯片的背景，在"插入图片来自"中有三个选项，如图 1-19 所示。

[文件(F)...]：从保存在电脑中的你事先准备的素材中选择合适的图片作为背景。

[剪贴板(C)]：从通过"复制"或"剪切"方式保存在剪贴板中得到图片作为背景。

[联机(E)...]：从网上直接选择合适图片作为背景。

纹理指 PPT 预设了一些图片作为用户的背景选择，纹理填充是从

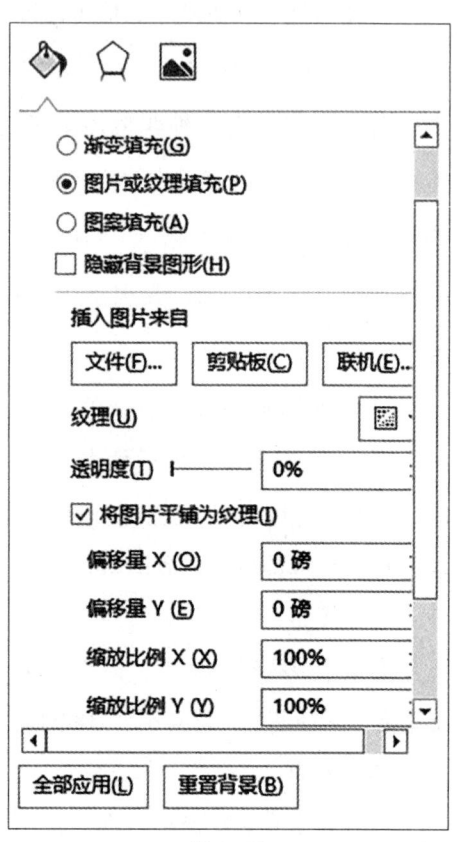

图 1-19

第一章　认识 PowerPoint 软件

点击 [▦▾] 打开的对话框中选择一种纹理填充作为背景，如图 1-20 所示。

5. 图案填充

图案填充是在"图案"标签下，单击某个图案，选择前景色和背景色，应用到幻灯片背景，如图 1-21 所示。

6. 应用设计模板作背景

除了可以使用"背景"对话框设置背景外，PPT 还提供了应用设计模板作背景。设计模板是一种 PPT 文件，其中规定了背景图像和各级标题的字体字号，可供用户直接使用。用户既可以使用 PPT 内置的设计模板，也可以自己制作设计模板供以后使用。使用 PPT 内置的设计模板的方法是：

（1）在"任务窗格"菜单中选择"幻灯片设计"，打开幻灯片设计任务窗格。

（2）单击幻灯片设计任务窗格中的一个模板，这时所有的幻灯片都被应用了这个模板。

（3）若只想让某张幻灯片应用模板，先选择这张幻灯片，然后

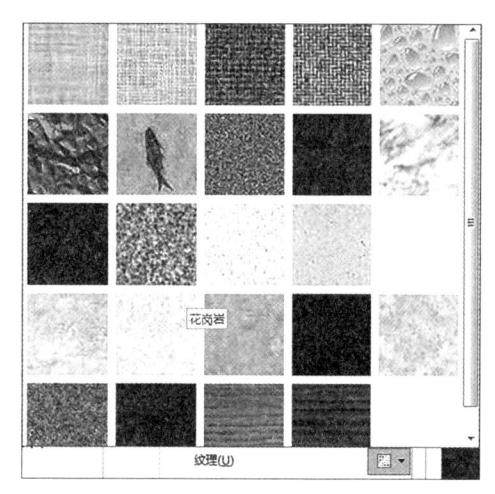

图 1-20

图 1-21

· 025 ·

把鼠标移到想要应用的模板上，出现下拉箭头点击，选择"应用于选定幻灯片"，这样只有被选定的幻灯片才应用了这个模板。

（4）如果希望让某个模板作为 PPT 启动时的默认模板，则选择"用于所有新演示文稿"。

（5）如果想要使用自己制作的模板或下载的模板，点击幻灯片设计任务窗格左下角的"浏览"，在弹出的对话框中找到模板文件并双击，该模板被应用到所有幻灯片，且出现在模板列表中。

（八）使用快捷键

在各种软件的操作使用过程中，使用快捷键能够提高效率，在 PPT 课件制作中常用的快捷键如下：

1. 画布处理

F5：从头放映幻灯片

Shift+F5：从当前页放映幻灯片

Ctrl+P：放映模式下笔迹批注

Ctrl+E：放映模式下笔迹擦除

W：放映模式下白屏

B：放映模式下黑屏

Alt+F9：显示/隐藏参考线

Shift+F9：显示/隐藏网格线

Ctrl+ 鼠标滚轮：快速缩放画布

2. 常规处理

Ctrl+N：新建一个演示文稿

Ctrl+O：打开一个演示文稿

Ctrl+S：保存

Ctrl+Shift+S：另存为

Ctrl+C：复制

Ctrl+V：粘贴

Ctrl+Z：撤消

Ctrl+Y：恢复撤消的操作

3. 字体处理

Ctrl+【或 Ctrl+Shift+,：减小字号

Ctrl+】或 Ctrl+Shift+.：增大字号

Ctrl+B: 加粗

Ctrl+I：倾斜

Ctrl+U：下划线

Ctrl+L/E/R：文本对齐（左/居中/右）

4. 通用处理

Ctrl+A：全选

F4：重复上一步操作

Ctrl+D：粘贴复制的对象及最近一次的操作

Shift+ 拖动对象：沿水平线拖动对象

Ctrl+Shift+ 拉伸鼠标滚轮：按中心缩放对象

Ctrl+Shift+C：复制格式

Ctrl+Shift+V：粘贴格式

Ctrl+G：组合

Ctrl+Shift+G：取消组合

（九）幻灯片中对象的选择与重命名

在 PPT 课件制作过程中，我们往往会遇到一张幻灯片中对象太多，并且还有重叠现象，这给我们选择和编辑对象带来极大麻烦，经常是选定不了需要的对象元素，对此，PowerPoint 提供了一个选择窗格，利用它可以帮助解决这一系列问题。

通过点击"开始"→"选择"→"选择窗格"，如图 1-22 所示，即可打开选择窗格，选择窗格位于演示文稿窗口的右侧，其中列出了本张幻灯

片中所有对象的名字。

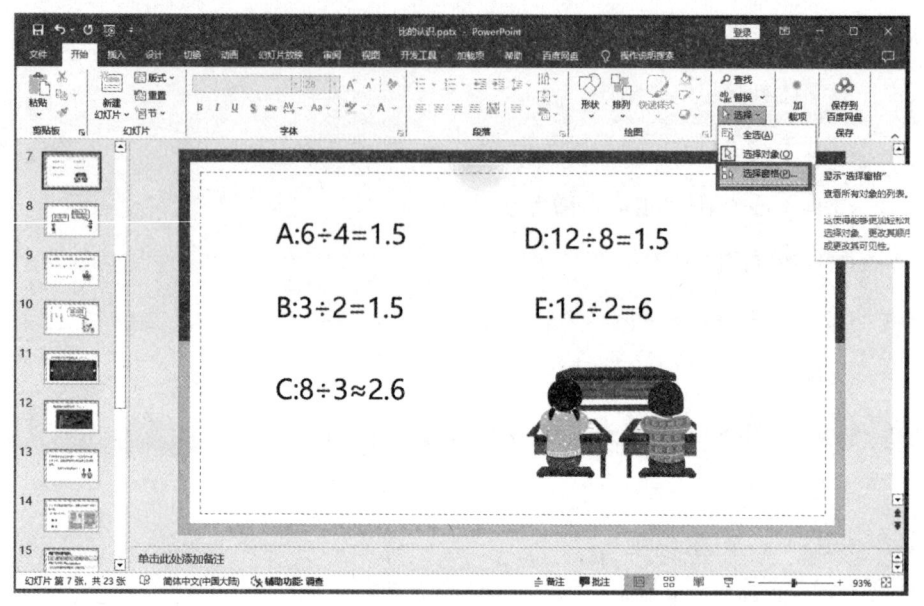

图 1-22

借助选择窗格，可以方便地完成以下操作：

1. 选取对象

当幻灯片中对象太多，且有重叠，我们在幻灯片编辑窗格中不方便选取对象时，可以通过在选择窗格中以名字来选择，在选择窗格中单击名字，在编辑窗格中相应对象即成选取方式，如图 1-23 所示，选中的是一个文本框"矩形 3"。

2. 显示/隐藏对象

在选择窗格中，每个对象名字的后面都有一个眼睛图标 👁，单击即可在幻灯片中隐藏相应对象，且"👁"变为"—"，单击"—"并显示对象，这很方便编辑处理重叠的对象。另外还有"全部显示"和"全部隐藏"两个按钮可用。

3. 改变图层顺序

在选择窗格中对象名从上到下的顺序即就是其对象图层从上到下重叠

的顺序，若想改变某个对象的层次，选定对象名后通过点击"▲""▼"两个按键来上下移动改变对象的图层关系。

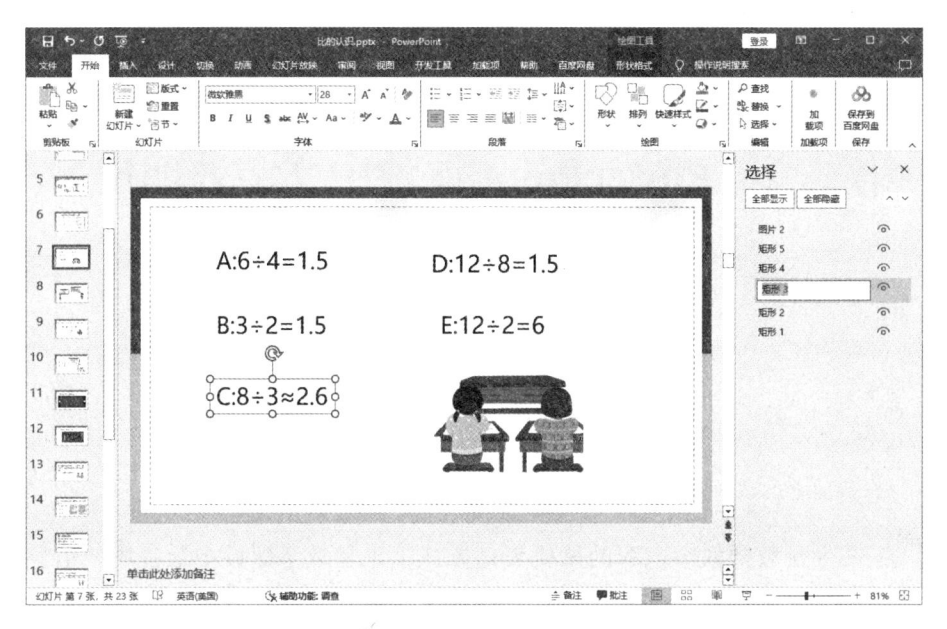

图 1-23

4. 给对象重命名

在选择窗格中选定一个对象名后，再次单击该对象名，或者直接双击对象名，可对其对象更改名字。为了方便选取对象以及增强课件的可读性，建议给幻灯片中的各对象起一个形象的名字，比如我们把"矩形 3"重命名为"C"，这样就再也不会担心不知道像"矩形 3"是哪个对象了，并且这样的命名在自定义动画时也会更加方便。

第二章　PowerPoint 课件中文字处理技术

第一节　概述

　　文字是教师教学内容的重要表达方式，也是教学课件中最常用的信息呈现方式，无论是课件的标题，还是课件中的教学概念、定义或者对某一事物的具体描述，通常都是使用文字。文字最大的优势就是表达的意义明确，能够更好地起到引导、解释的作用，其不足之处是形象感差，而图片正好相反，图片的形象感强，但是意义表达不十分明确，每个人看到图片能获取具体的形象，但对其的理解有可能各不相同。

第二节　PowerPoint 课件中文字的输入

一、文字的输入

　　在 PowerPoint 课件制作过程中，不能直接在幻灯片中输入文字，要想在幻灯片中输入文字，可以通过以下六种方法来实现：

（一）文本占位符中输入文字

　　在创建一个新的演示文稿或插入一张幻灯片时，幻灯片中就会出现一个如"单击此处添加标题""单击此处添加副标题"等内容的矩形框即为文本占位符，如图2-1所示。

图2-1

占位符就是用来先占住版面的一个固定位置，供用户向其中添加相应内容的。这个矩形框的大小和形状是由幻灯片母版和幻灯片的版式所决定的，鼠标单击后就可在其中输入文字。在文本占位符中输入的文字可以在大纲视图中显示出来，如图2-2所示。

图2-2

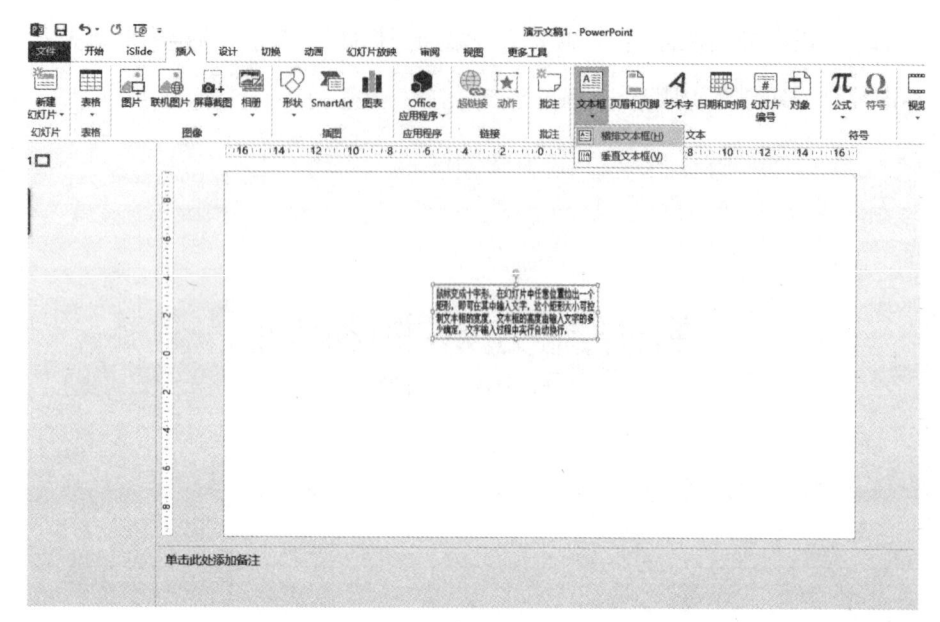

图 2-3

（二）添加文本框中输入文字

通过文本框可在幻灯片中任意位置添加文本信息，其使用方法与效果与占位符相似，并且也包括横排和竖排两种文本框。通过"插入"选项卡、"文本"组中选取"横排文本框"或"垂直文本框"后，鼠标变成十字形，

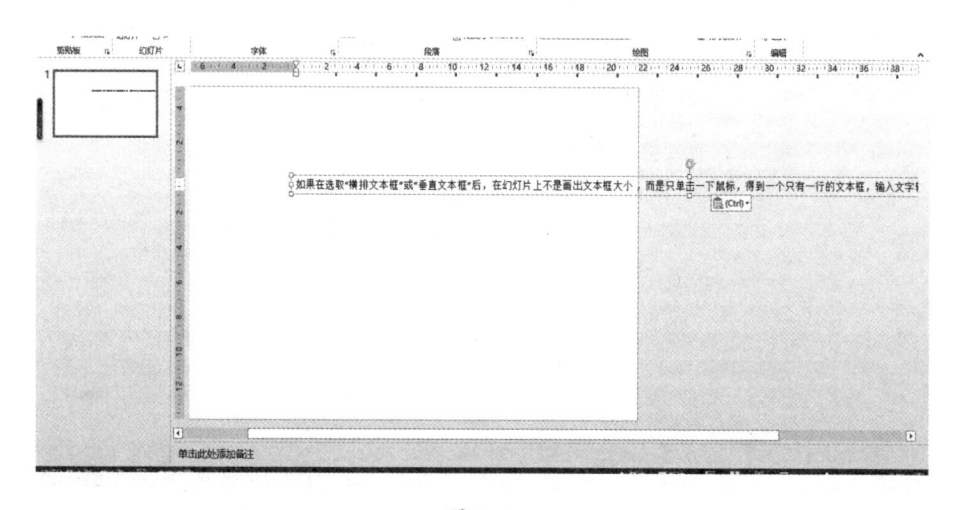

图 2-4

在幻灯片中任意位置拉出一个矩形，即可在其中输入文字，这个矩形大小可控制文本框的宽度，文本框的高度由输入文字的多少确定，文字输入过程中实行自动换行，如图2-3所示；如果在选取"横排文本框"或"垂直文本框"后，在幻灯片上不是画出文本框大小，而是只单击一下鼠标，得到一个只有一行的文本框，输入文字较多时可能超出画布以外成一行显示，如图2-4所示。当然，这两种方式输入的文本框都可以利用鼠标调整其大小和位置。

（三）在"大纲"窗格中输入文字

为了方便查看演示文稿的整体文本内容，用户可将视图切换到"大纲视图"中，在左侧"大纲"窗格中直接输入文本即可，方便快捷，提高工作效率，如图2-5所示。

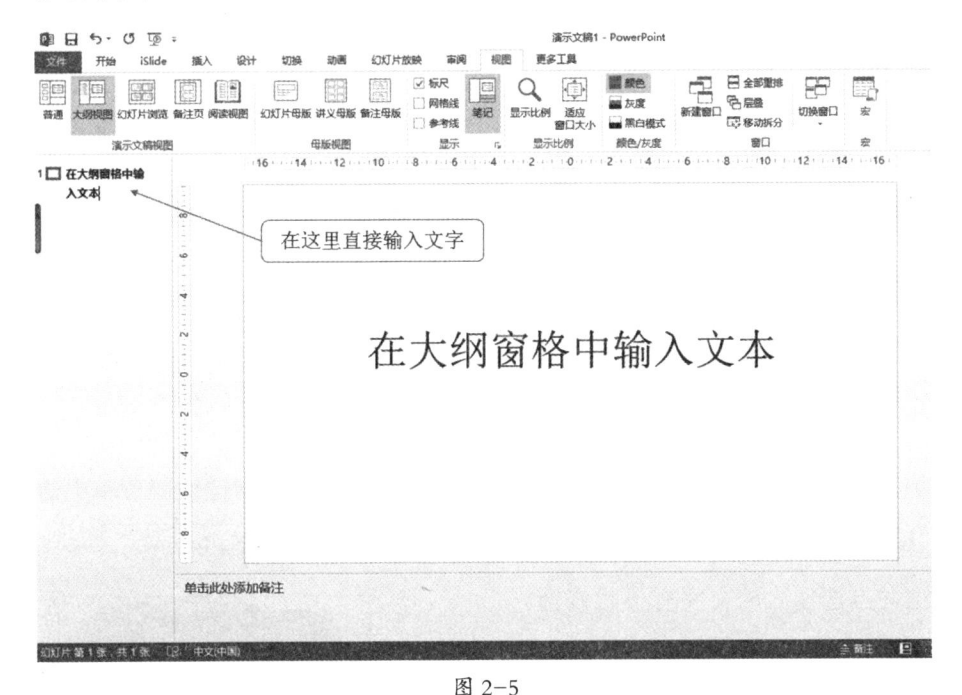

图 2-5

（四）复制粘贴文字

当幻灯片中文字内容比较多时，可以通过在网页或其他文件中复制文字，在幻灯片中粘贴，这样就自动生成一个文本框把文字内容复制到里面了，减少输入文字的麻烦。

（五）插入艺术字

通过点击"插入"选项卡中"文字"组中的"艺术字"在弹出的对话框中选择一种艺术字后，在幻灯片中生成一个艺术字文本框，即可输入艺术字，如图2-6所示。

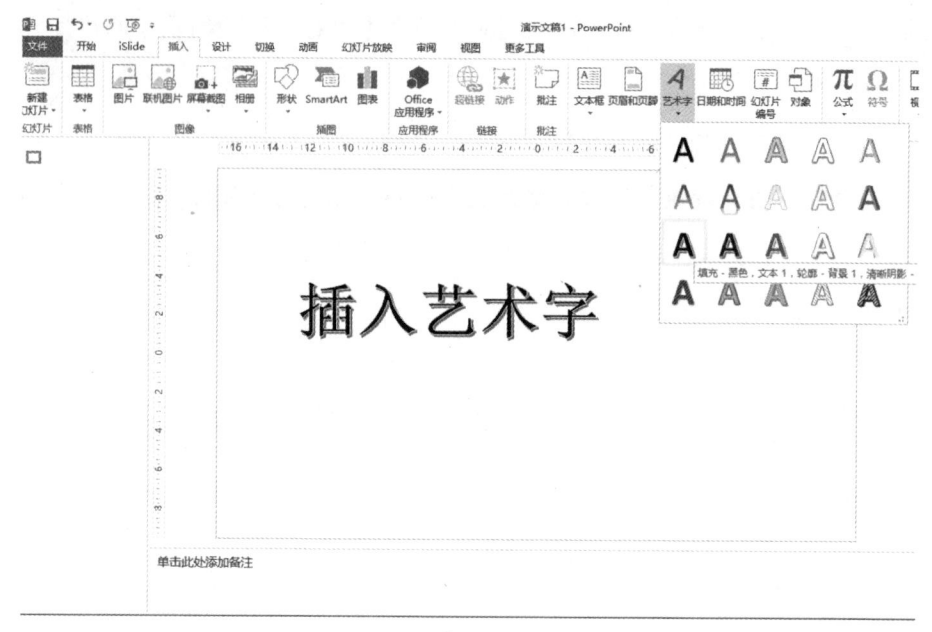

图 2-6

（六）在插入的形状中输入文字

通过"插入"→"形状"绘制一个形状后直接输入文字，如图2-7所示，也可以选中绘制好的形状后直接输入文字，或利用右键快捷菜单中的"编辑文字"都可实现文字的输入，这种方法输入的文字有形状修饰，适合在课件中插入标注用。

二、文本框的设置

在幻灯片中选定文本框后，可以通过控制句柄来调整文本框的大

图 2-7

小和位置，将鼠标指针移到文本框中间上边的圆圈按钮上按住左键，可调整文本框的方向，如图 2-8 所示。

选定文本框后右键→"设置形状格式"→"文本选项"→"文本框"弹出文本框设置对话框，如图 2-9 所示。

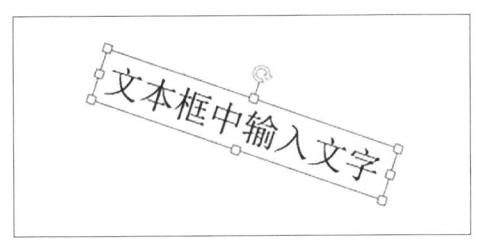

图 2-8

（一）垂直对齐方式

有"顶端对齐""中部对齐""底端对齐""顶部居中""中部居中"和"底部居中"六项可选。

（二）文字方向

有"横排""竖排""所有文字旋转 90°""所有文字旋转 270°""堆积"五个选项。

（三）不自动调整

文本框的大小不受文字多少影响，这里主要是文本框的高度可调整大。

（四）溢出时缩排文字

当文本框调小后，其中文字自动缩小字号来适应文本框大小。

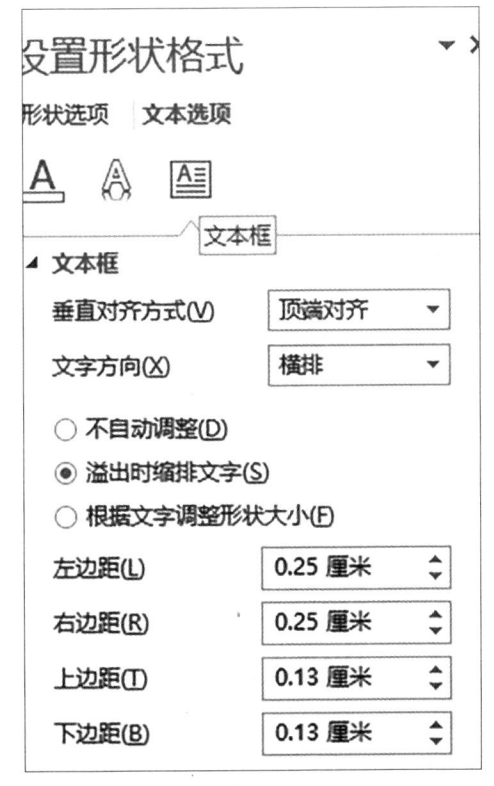

图 2-9

（五）根据文字调整形状大小

由文本框中文字多少及字号来自动调整文本框大小。

后面的几个边距用来调整文本框中的文字与文本框左右上下的距离，根据需要作适当的调整。

（六）分栏

对文本框中的文本还可以进行分栏编辑。

第三节　PowerPoint 课件中文字的设置

一、字体

首先是字体。选择字体之前，不妨先考虑一下哪些字体具有阅读性。一般的 PPT 中，尽量不要使用书法类字体，除非是与书法相关的内容或者有特殊要求。

这里给出几个推荐字体，其他字体请自行斟酌，只要能保证阅读性就好，别让别人去猜你的 PPT 里到底是什么字。

（一）标题可用微软雅黑，这个字体美观大方，中文英文都适用，在加粗后尤其清晰。内容可用宋体。二者可产生强烈的对比。

（二）如果你的电脑里面只有系统自带的字体，那么标题可用黑体，字号相同的情况下黑体比微软雅黑稍小一些，不过仍然是个不错的选择。内容可用楷体。

（三）如何在计算机中安装和使用第三方字体

很多人认为计算机自带常用字体缺乏个性，而喜欢使用第三方字体字库而让文字多一些变化，但课件本质要为解决教学问题服务，要考虑课件的通用与兼容性，但对于课件的标题文字或标识可以灵活选择一些个性字体。

安装第三方字体最简单的方法是将从网上下载的字体解压后直接复制到系统的字体文件夹（c:\Windows\Fonts）中即可，或者直接双击字体文件，安装文件自动将字体文件复制到相应文件夹中，字体安装后，通常要重新启动应用软件后才能正常使用。

如果在课件中使用了第三方字体就应当选择嵌入字体，或者将字体转为图片而让课件能正常在其他计算机上使用。

二、字号

PPT 里面默认的字号范围是 8 号~96 号，那么多的字号，到底该如何选择呢？

其实字号选择要看 PPT 的实际使用情况。比如你的 PPT 是投影用还是阅读用？在 PPT 的默认设置里面，标题字号是 44 号，一级文本 32 号，二级文本 28 号……共有五级文本。

三、文字颜色

在幻灯片中设置文字的颜色，首先要选定文字，颜色设定只对其选定的文字起作用。选定文字的方法有两种，一是鼠标单击文本框，使其边框呈实线状态，且文本框内无光标，如图 2-10 所示，此时即选定了此文本框内所有文字。二是鼠标单击文本框后通过拖动鼠标选定文本框内文字，可选定文本框内所有文字，也可选定其中一部分文字，此时文本框的边框呈虚线状态，如图 2-11 所示。选定文字后即可通过"开始"选项卡"字体"组中 A ▼ 按钮的下三角符号，打开主题颜色对话框，如图 2-12 所示，选定相应色块对所

图 2-10

图 2-11

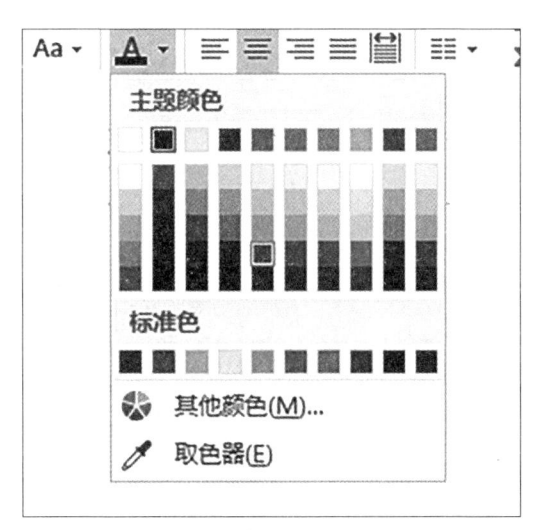

图 2-12

PowerPoint 课件制作与技巧案例研究

选中的文字设定颜色。再点击"其他颜色"→"自定义",在这里可以通过设置红色、绿色、蓝色的具体值而得到更加精准的颜色,如图 2-13 所示。

对于文字的更多填充效果可以通过打开设置形状对话框后进行设置。

点选文本框后单击鼠标右键,点击"设置形状格式",即打开了设置形状对话框,如图 2-14 所示,在这里可以设置文本框的填充和文字的颜色,若要设置文字颜色,需要点击"文本选项"。

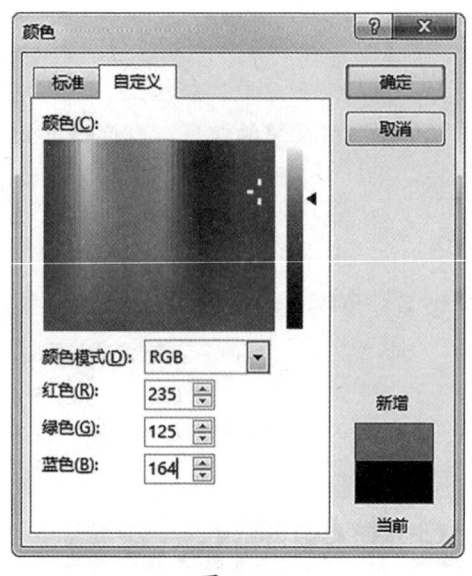

图 2-13

1. 文本渐变填充设置

(1) 选定文字后在"设置形状格式"对话框中,"文本选项"下的"文本填充"内选择"渐变填充"。

图 2-14

（2）单击渐变光圈 1，颜色设置为黄色，如图 2-15 所示。

（3）单击渐变光圈 2，设置颜色，这里设为红色，如图 2-16 所示。

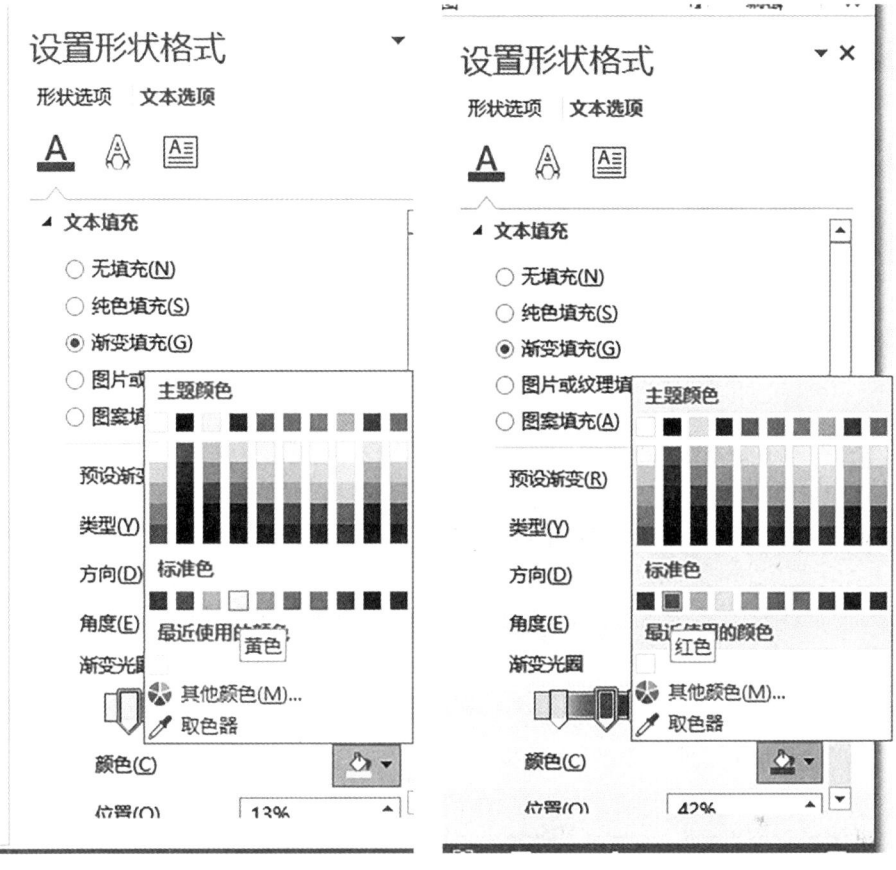

图 2-15

图 2-16

（4）同样方法将光圈 3、4 分别设为浅蓝色和紫色。

（5）调整光圈位置，也就是改变各种颜色所占比例，最后得到如图 2-17 所示的文字效果。

图 2-17

2. 文本图片或填充设置

（1）选定文字后在"设置形状格式"对话框中，"文本选项"下的"文本填充"内选择"图片或纹理填充"。

（2）点击"文件"，如图 2-18 所示。

（3）选定图片文件后点击"插入"。

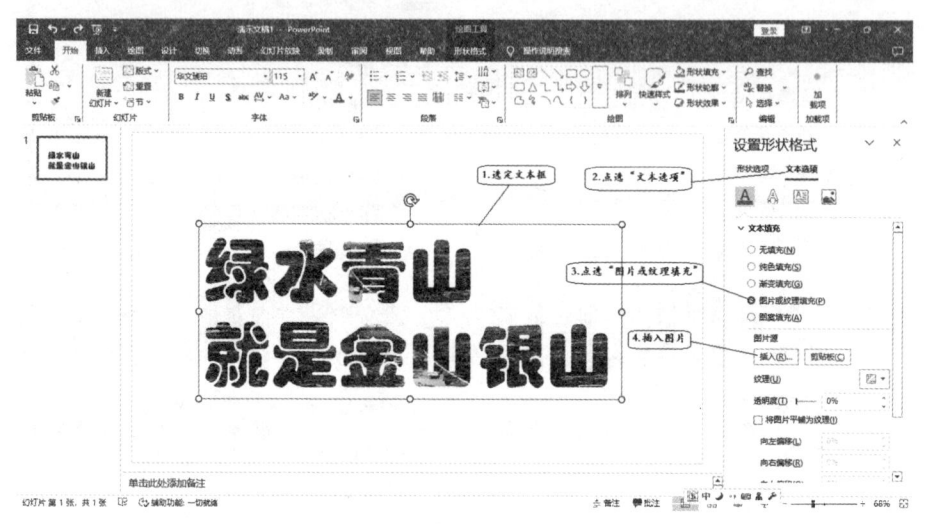

图 2-18

最后得到如图 2-19 所示效果。

图 2-19

在图片或纹理填充中，当点击"纹理"右边的按钮 ▼ 将会弹出一个选择框，如图 2-20 所示，其中有 24 种纹理图案可供用户选择，这里幻灯片中的文字是选择"纸袋"纹理填充的文本效果。

如果我们在操作过程中通过复制或剪切在剪贴板中存有图片时，可以

点击 剪贴板(C)，用剪贴板中的图片来填充文本。

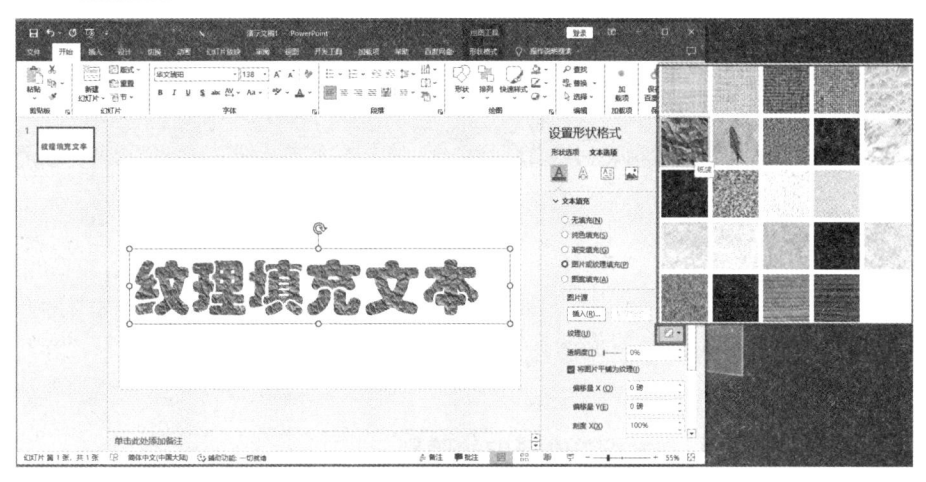

图 2-20

四、文本框的"阴影"和"三维效果"设置

（一）"阴影"的设置

选定文本框后，点击"形状格式"选项卡下"形状样式"组中的"形状效果"，在"阴影"下选择一种需要的效果即可。在设置时，如果文本框已经填充，则设置的阴影效果应用到文本框上，如果没有填充，则设置的阴影效果应用到其文本框内的文字上。如图 2-21 所示。

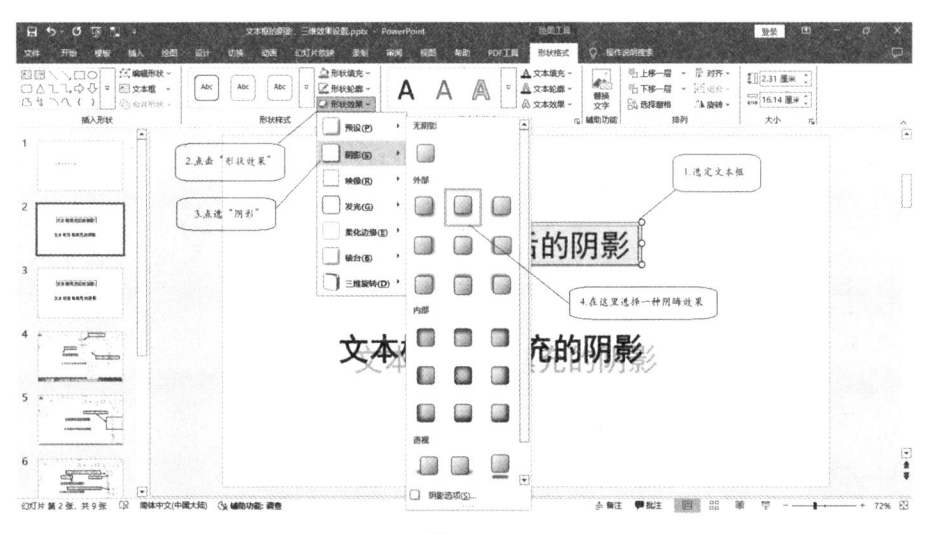

图 2-21

PowerPoint 课件制作与技巧案例研究

当然，我们也可以在"设置形状格式"对话框进行设置，在这里还可以对阴影的"颜色""透明度""大小""模糊度""角度""距离"等参数进行设置，如图 2-22 所示。

图 2-22

（二）"三维旋转"效果的设置

选定文本框后，点击"格式"选项卡下"形状样式"组中的"形状效果"，在"三维旋转"下选择一种需要的效果即可。如图 2-23 所示。

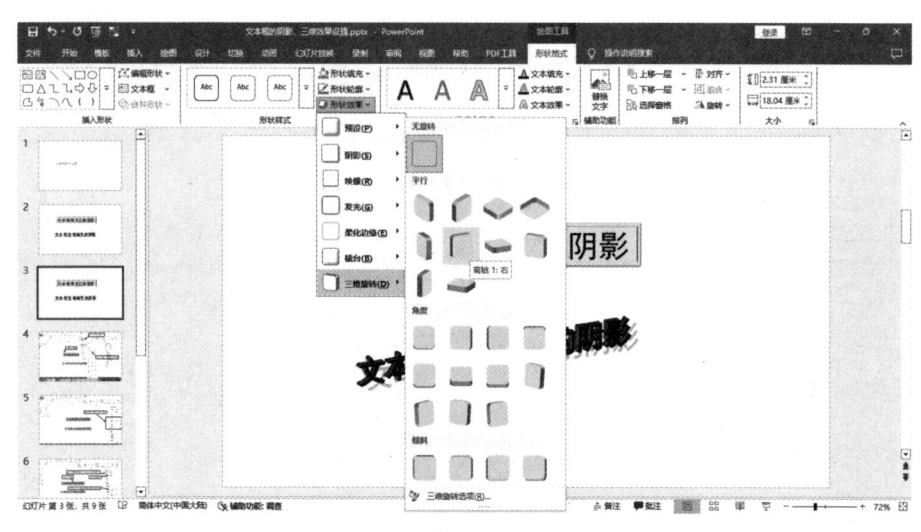

图 2-23

第二章　PowerPoint 课件中文字处理技术

（三）"三维格式"效果的设置

"三维格式"只对填充后的文本框有效。选定文本框后，在"设置形状格式"中点选"形状格式"，点击"效果"，在"三维格式"中选择一种预设效果即可。如图 2-24 所示。

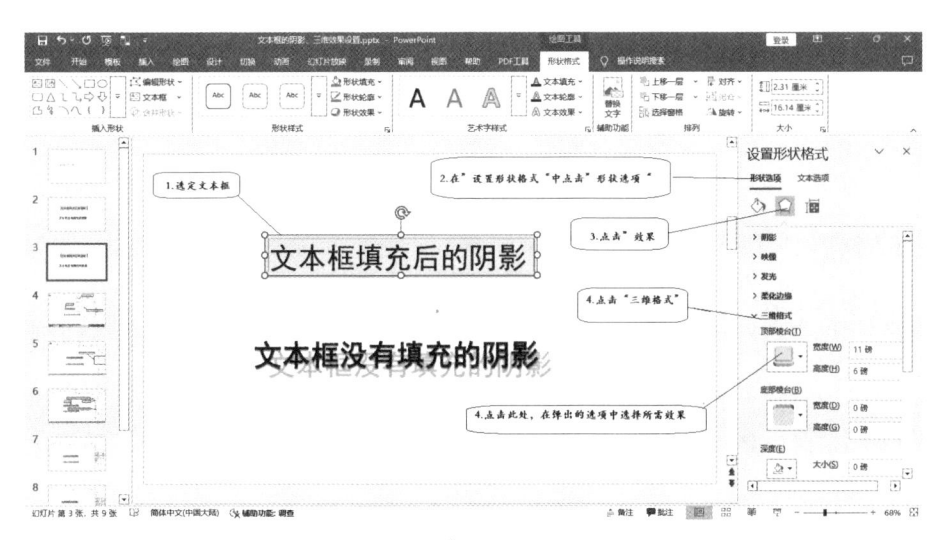

图 2-24

第四节　PowerPoint 课件中特殊符号的输入

在 PowerPoint 课件的制作中，我们经常遇到一些特殊符号的输入，像对文字加点或上标、下标的输入可以通过字体相关设置来完成，但对于汉字注音、数学公式、物理公式、化学方程式的输入就不太简单，这里给大家介绍一些相对简洁的方法。

对汉字头上注音的输入，可以先在 Word 中利用字体的拼音指南得到如"汉语拼音"复制粘贴到 PowerPoint 中得到"汉（hàn）语（yǔ）拼（pīn）音

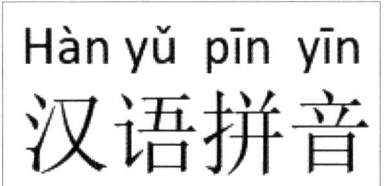

图 2-25

(yīn)"后，对文字和拼音分别用一个文本框进行编辑排版得到如图 2-25 的效果。

在 PowerPoint 中插入公式，可以通过"插入"→"公式"打开如图 2-26 所示的"公式工具"进行编辑就可得到。

图 2-26

对于一些特殊符号，在 PowerPoint 中也可以通过软键盘输入，或者在文本框中"插入"→"符号"，字体 Wingdings、Wingdings2、Wingdings3 等都分别对应有一些特殊的符号，供用户在使用中插入。

第五节 PowerPoint 课件中文字使用常见问题及解决方法

一、文字太满

在幻灯片中文字大小一般不小于 22 磅，标题文字要在 36 磅以上，每张幻灯片上文字一般在 5~8 行，颜色不宜超过 3 种，层次不宜超过 3 层，字体不宜超过 3 种。每张幻灯片中文字内容不宜太多，一般要求一张幻灯片学生浏览文字的时间不宜超过 7 秒，内容太多时分解到多张幻灯片。

二、文字排版杂乱

PowerPoint 课件中的文字行缩进不规范，同一级别内容文字的字体、大小、颜色不统一，横、竖排列同时出现，链接线条混乱等等。需要将同级别的文字，尽可能使用统一的字体、字号、颜色，注意文字的对齐方式，不对文字直接进行连接。

三、文字或背景的颜色搭配不正确

背景和文字之间形成强烈的对比，才能保证显示效果，在美术中就称互补色，选择淡雅，颜色不是太多的图片或图案做背景。

第三章　PowerPoint 课件中图片处理技术

第一节　概述

在 PowerPoint 课件中除文字信息外，用得最多的应该就是图片信息了，图片作为一种媒体形式能化抽象为直观，将对象直接呈现在学生面前，获得语言文字无法达到的效果，常有"一图胜千言"的说法，同时图片也是美化课件的重要元素。对于以视觉演示见长的 PowerPoint 课件来说，图片是不可缺少的组成部分。

图片能更快更直观地传递信息和感情，好的图片可以一下子抓住观众的注意力，产生震撼作用。

在 PowerPoint 课件中使用图片须与讲授的知识点相符合，这样才能够起到较好的辅助作用。对于图片质量的要求是清晰，并且在整个课件中需要图片的结构、布局合理。一张幻灯片中有较多的图片时，图片与图片之间最好不要重叠，并且尽量对齐，或按照一定的规则排列，松紧要得当。图文混排时要注意突出重点，不要让陪衬的其他元素喧宾夺主，文字尽量不要覆盖在图片上。

第二节　PowerPoint 支持哪些图片格式

PowerPoint 中支持的图片格式非常丰富，我们在插入图片的对话框中点选"所有图片"弹出的列表中可知，共 11 种类型，如图 3-1 所示。

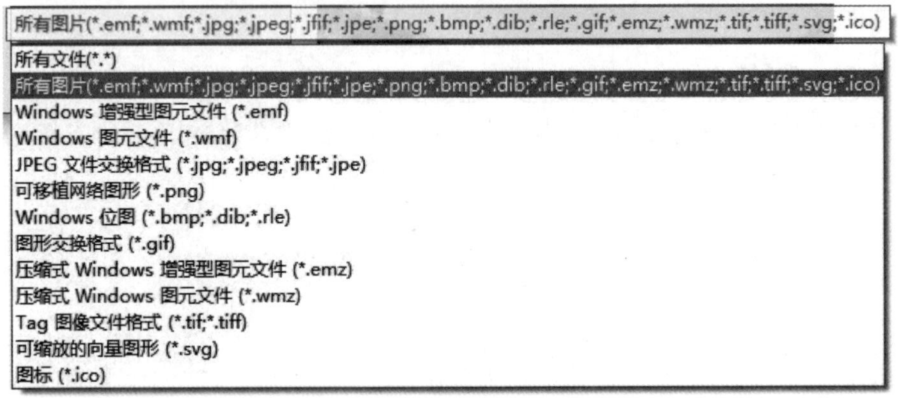

```
所有图片(*.emf;*.wmf;*.jpg;*.jpeg;*.jfif;*.jpe;*.png;*.bmp;*.dib;*.rle;*.gif;*.emz;*.wmz;*.tif;*.tiff;*.svg;*.ico)
所有文件(*.*)
所有图片(*.emf;*.wmf;*.jpg;*.jpeg;*.jfif;*.jpe;*.png;*.bmp;*.dib;*.rle;*.gif;*.emz;*.wmz;*.tif;*.tiff;*.svg;*.ico)
Windows 增强型图元文件 (*.emf)
Windows 图元文件 (*.wmf)
JPEG 文件交换格式 (*.jpg;*.jpeg;*.jfif;*.jpe)
可移植网络图形 (*.png)
Windows 位图 (*.bmp;*.dib;*.rle)
图形交换格式 (*.gif)
压缩式 Windows 增强型图元文件 (*.emz)
压缩式 Windows 图元文件 (*.wmz)
Tag 图像文件格式 (*.tif;*.tiff)
可缩放的向量图形 (*.svg)
图标 (*.ico)
```

图 3-1

在这里我们简单介绍几种常见且常用的图片格式：

一、jpg

最常见的压缩位图格式，压缩率高文件小，网络资源丰富，获取途径多；缺点是放大多倍会模糊。

二、png

这是一种压缩位图格式，支持透明背景，插入到 PPT 可以和背景高度自由融合；缺点是文件比较大，不易大量使用。

三、gif

这是一种常见的动图格式，插入到 PPT 中自带动画效果，现在微信图文中的动图便是这种格式。

以上三种格式均为位图，位图的缺点是多倍放大后会模糊；而矢量图可以任意倍数进行缩放，丝毫不会模糊。

四、矢量图

矢量图可以任意放大,且可以在 PPT 进行填充等二次加工。PPT 支持的直接插入矢量格式包括 wmf 和 emf。

第三节　图片的插入

一、插入本机图片

一般情况下,我们在制作课件前已把需要的图片素材保存到电脑的某个文件夹中,这样通过"插入"→"图片"→"此设备"找到存储图片的文件夹,选定要插入的图片,点击"插入"即可将所选图片插入到幻灯片中,如图 3-2 所示。可以利用 Shift 或 Ctrl 组合键一次插入多张图片。

图 3-2

当然,也可以选定图片后"复制",再到幻灯片中去"粘贴",还可以打开图片所在文件夹窗口和幻灯片的窗口并排,用鼠标选定图片拖到幻灯片中,这样来实现图片的插入。对于有图片占位符的幻灯片,直接点击图片占位符,找到所需要的图片,点击"插入"。

二、插入联机图片

"插入"→"图片"→"联机图片",在弹出的搜索对话框中输入关键字后点击搜索,找到想要的图片选定后点击"插入",如图 3-3 所示。插入联机图片,必须在计算机联网状态下才能实现,在没有网络的计算机上是无法实现此功能的。

图 3-3

三、屏幕截图

屏幕截图功能需要先打开插入 PPT 课件的应用软件窗口或是浏览器窗口,点击"插入"→"屏幕截图",弹出可用的视窗,即当前打开且没有最小化的窗口,选定窗口即将整个选定的窗口作为图片插入到幻灯片,如图 3-4 所示。如果需要的不是整个窗口,而是窗口中的一部分,则要点击"屏幕剪辑",则在最左边的可用视窗屏幕中出现剪辑状态,拖动鼠标剪辑需要的部分。如果你想要的窗口不在可用视窗的最左边,则需要先通过"关闭"或"最小化"其左边那些窗口中,使我们要的窗口处于可用视窗的最左边。

我们还可以用屏幕拷贝键 PrintScreen 或窗口拷贝键 Alt+PrintScreen,或者用一些小软件的截屏快捷键,如:钉钉截图快捷键是 Ctrl+Shift+A,微信截图快捷键是 Ctrl+Alt+A,QQ 截图快捷键是 Alt+A,把需要的内容剪切到剪

贴板中，然后在幻灯片中按 Ctrl+V 粘贴即可得到所需图片。

图 3-4

四、插入相册

相册实际是 PPT 中批量插入图片的一种操作，当要插入多张图片时即使用这种方法。

（一）点击"插入"→"相册"，即弹出"相册"对话框，如图 3-5 所示。

（二）在画面中选择插入图片来自"文件或磁盘"，在文件里找到需要的图片，利用 Shift 键或 Ctrl 键选取多张图片后点"插入"，如图 3-6 所示。

（三）在相册对话框中，所有插入的图片都在这个页面里显示出来，如图 3-7 所示。

在"相册中的图片"框中选定一张图片，则在右边的"预览"框中出现这张图片的预览，勾选某一张图片名前面的复选框，则可对这张图片进行顺序、旋转、对比度、亮度的调整，也可以删除这张图片。同时下面的

PowerPoint 课件制作与技巧案例研究

图 3-5

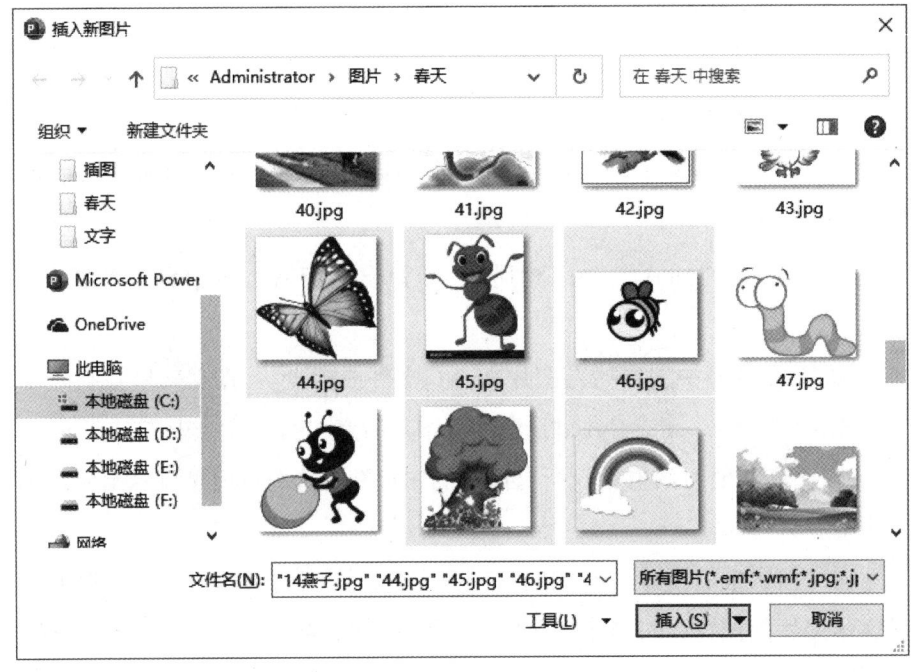

图 3-6

第三章　PowerPoint 课件中图片处理技术

位置还可以调整图片的版式，也就是一张幻灯片几张图片的设置，并且可以设置图片的形状。

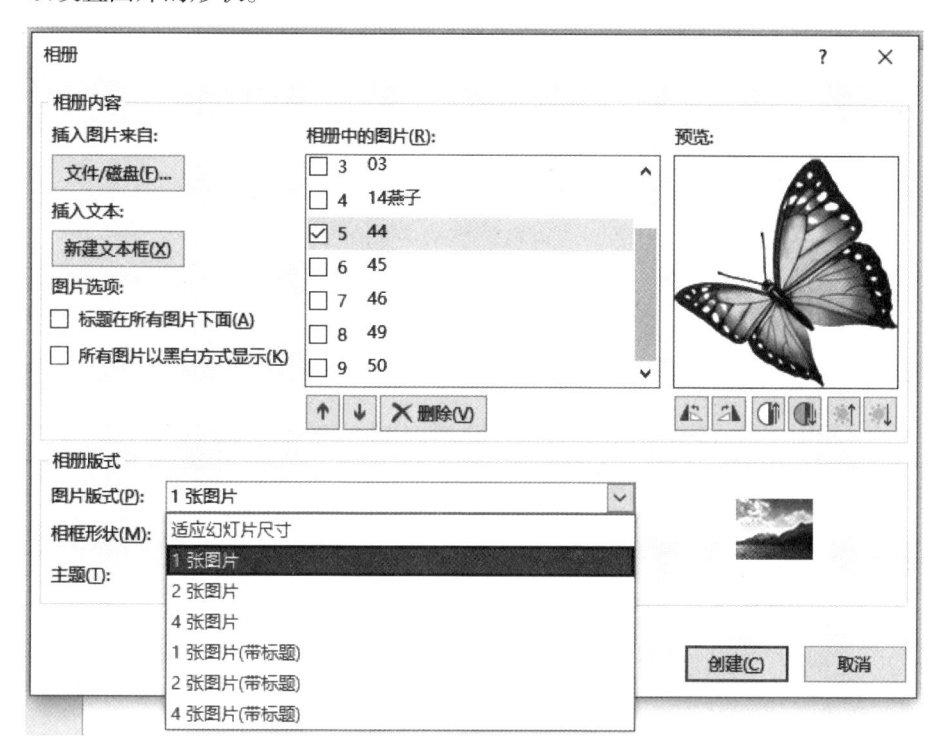

图 3-7

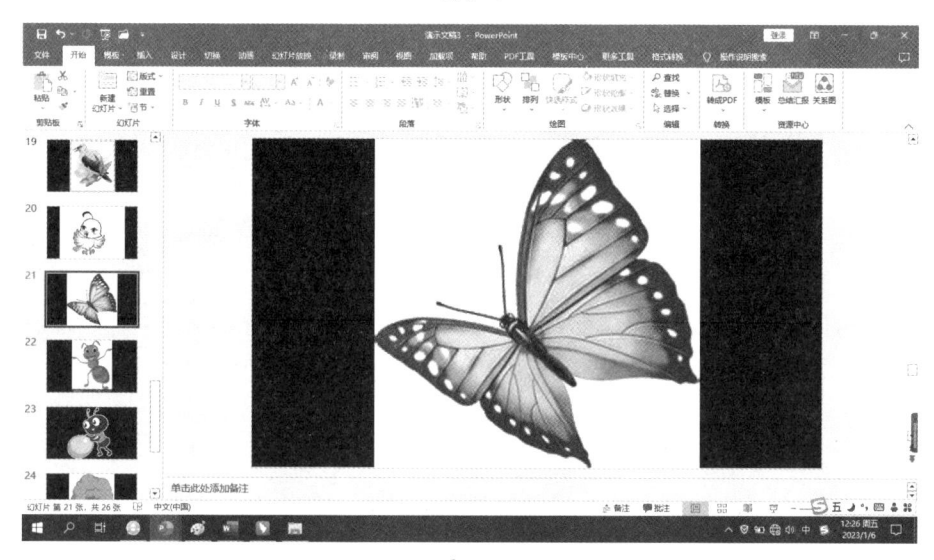

图 3-8

（四）对所有图片设置好后，最后点击"创建"，就会看到相册制作好了，如图 3-8 所示。

制作的相册与原来的幻灯片不是同一个文件，它以一个新的演示文稿文件生成，如果要在已有的文件中应用相册，就需要把制作好的相册中的幻灯片剪切或者复制下来，然后粘贴到需要的幻灯片目录下面。

第四节　图片的编辑处理

对于图片的编辑与处理，PowerPoint 软件中自带图片编辑处理功能，基本上能满足课件中图片的编辑要求，而且操作十分简单，容易掌握。

一、图片大小的调整

在幻灯片中选定插入的图片后，图片周围将出现 8 个控制点，如图 3-9 所示。用鼠标拖动这些控制点即可改变图片的高度和宽度，这样就能简单地调整该图片的大小了。

图 3-9

第三章　PowerPoint课件中图片处理技术

要想精确地设置图片大小，则需右击选定图片，在弹出的快捷菜单中点选"大小和位置"打开"设置图片格式"对话框，如图3-10所示。在

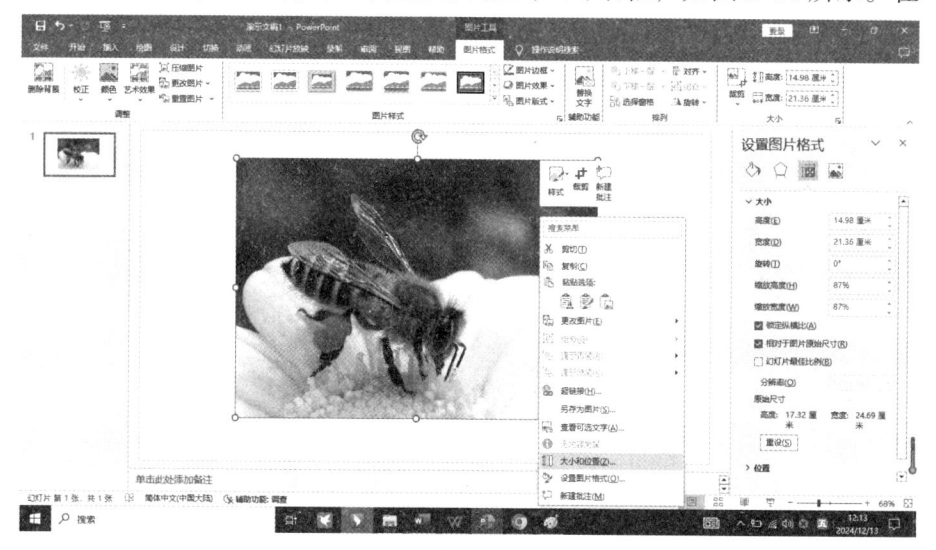

图 3-10

长宽比，可勾选"锁定纵横比"，也可勾选"相对于图片原始尺寸"后在原始尺寸基础上按比例进行缩放。在勾选"幻灯片最佳比例"后，可通过选定"分辨率"让图片自动调整其大小。

二、图片的裁剪

裁剪是PPT中图片最常见的处理方法，在一些图片有不需要的内容，如图片的标识，可以裁剪方式剪切掉。裁剪有三种方式，第一种是自由裁剪，这种方式使用最广。第二种是按纵横比裁剪，我们可以裁剪成1∶1、4∶3、16∶9等常见的比例。第三种是形状裁剪，可以将图片裁剪成如爱心、泪滴、圆、矩形等等多种形状。

（一）自由裁剪

在幻灯片中选取要裁剪的图片后点击"图片工具"格式选项卡中的"裁剪"按钮，图片周围的8个控制点变为粗黑线，鼠标移到控制点处指针变为"T"或"L"形状，按住鼠标左键推动调整图片裁剪范围，按住Ctrl键推动则对称调整。也可以通过拖动裁剪框或拖动图片来确定裁剪范围，

然后鼠标点击"裁剪"按键或图片边上,或者按键盘"Esc"键完成裁剪,如图 3-11 所示。

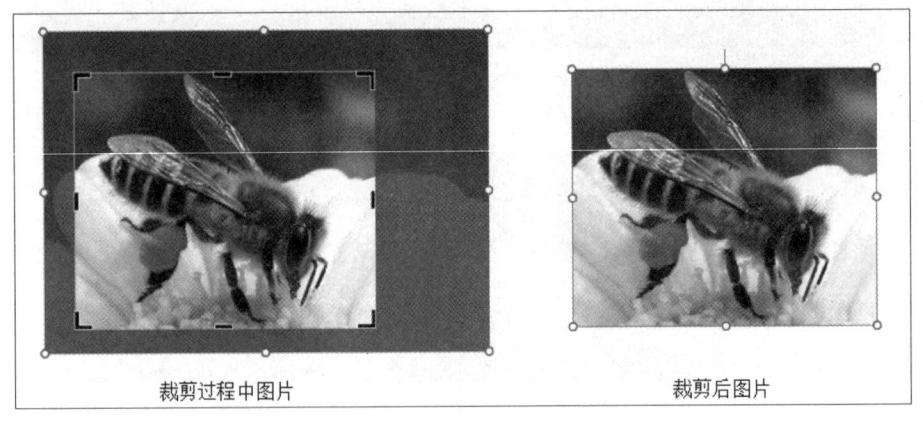

裁剪过程中图片　　　　　裁剪后图片

图 3-11

（二）按纵横比裁剪

在幻灯片中选取要裁剪的图片后点击"图片工具"格式选项卡中的"裁剪"按钮下方的倒三角符号,在弹出的下拉列表中选择"纵横比",如图 3-12 所示。这里列出了方形、纵向、横向共 11 种比例,点选需要的比例即完成裁剪,如图 3-13 所示用 4∶3 和 16∶9 两种比例裁剪得到的图片。

（三）形状裁剪

在幻灯片中选取要裁剪的图片后点击"图片工具"格式选项卡中的"裁剪"按钮下方的倒三角符号,在弹出的下拉列表中选择"裁剪为形状",这里列出了多种形状,选择所需要的形状即可。选取裁剪后的图片,再次点击"裁剪"按钮,可对

图 3-12

其形状大小，选择区域作适当调整，得到理想的形状效果，如图 3-14 所示。

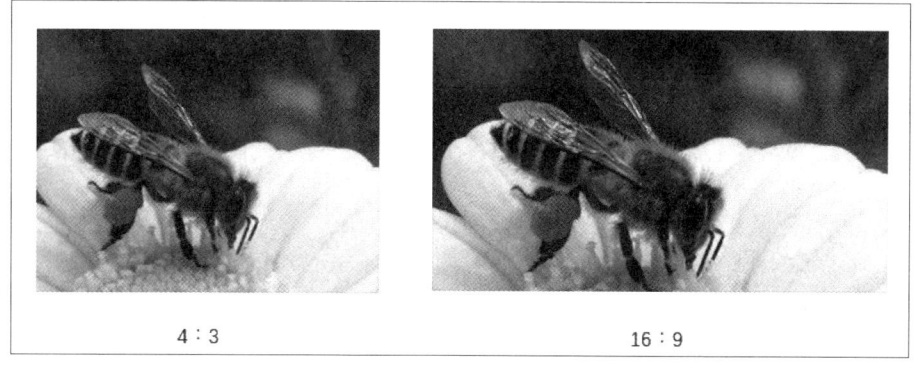

图 3-13

图 3-14

三、删除背景

图片的背景删除，实际上就是抠图，PPT 自带的抠图功能操作非常简单，通过这种方法可以进行人物、Logo 的快速提取，但只适用于主体色彩差异较大的图片。

在幻灯片中选定图片，点击"图片工具"格式选项卡左边"调整"组中"删除背景"，点击后出现一个动态的背景消除的选项卡，其他的一些选项卡则暂时隐藏一些，只留下几个可用的选项卡。这时软件自动感知图片上的颜色，自动圈定一个范围，形成一个矩形框，玫红色是要删除的范围，我们先通过改变矩形框大小，把所需要部分全部框在矩形框内。如果有需要的部分也成玫红色了，就需要用"+ 标记要保留的区域"来添加，点击后鼠标变成笔，在需要保留部分的画一下，"- 标记删除区域"操作方法一样，

PowerPoint 课件制作与技巧案例研究

只是把不需要的部分去掉。修改好后点击"保留修改",或点击一下图片外边,玫红色的部分变成透明的了,抠图完成,如图 3-15 所示。

图 3-15

四、图片的校正

校正主要是对图片进行锐化/柔化、亮度对比度进行调整。

选定图片,点"图片工具"格式选项卡中"调整"组的"校正"后会弹出一个列表,如图 3-16 所示,这里共列出了包括锐化/柔化,亮度对比度的 30 个预设效果,鼠标移到某效果上停留一会儿将显示这效果的参数、选定一种预设效果,完成对图片的校正。

除了这些预设的效果选项外,单击下边"图片校正选项"还会在右边弹出设置

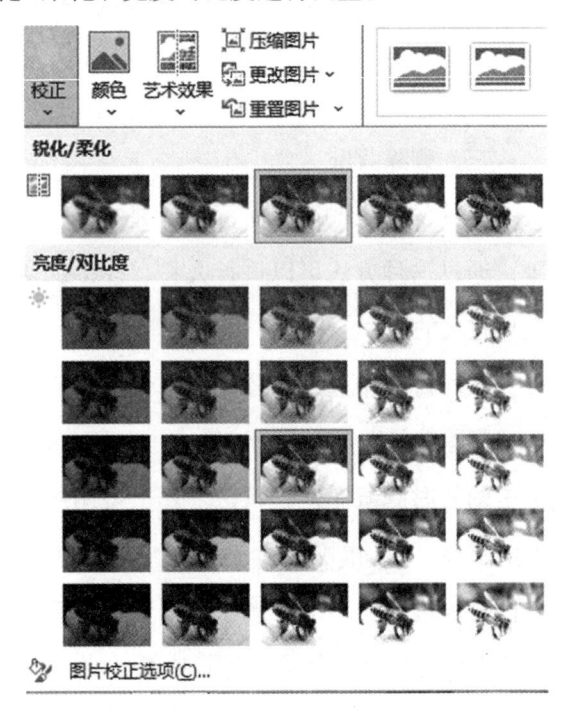

图 3-16

图片格式窗格，在这里可更加精确地设置图片的锐化/柔化、亮度对比度。

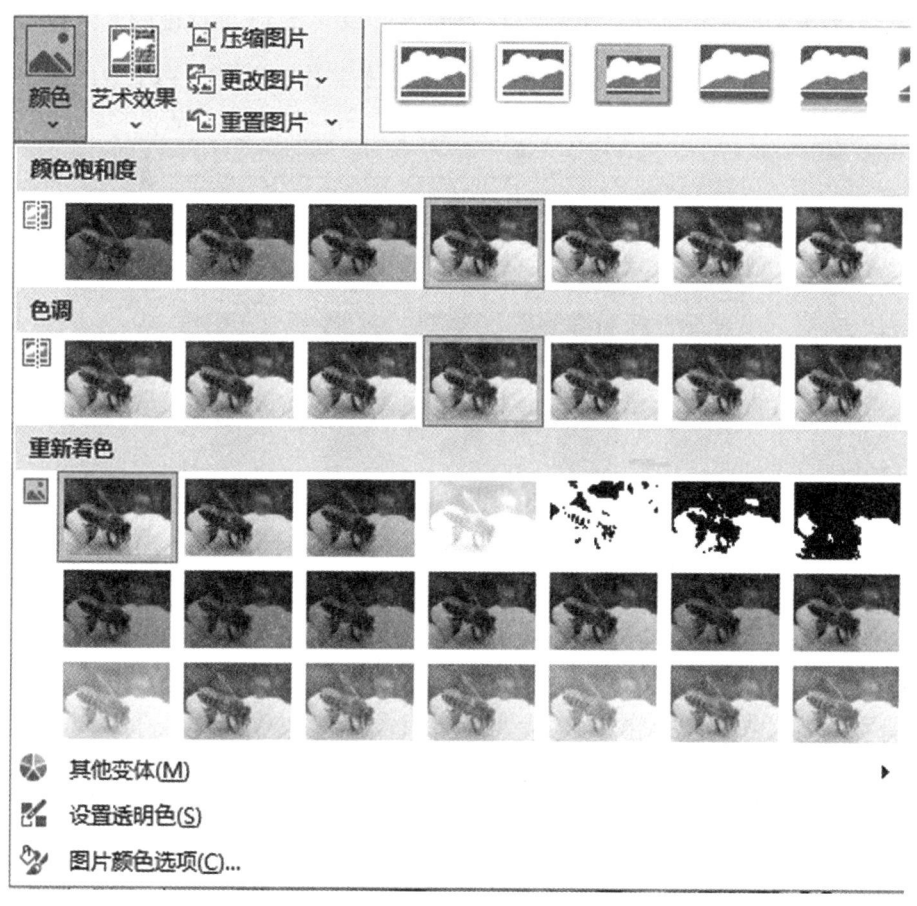

图 3-17

五、更改图片的颜色

有时候，我们发现插入的图片和整个 PPT 的色调不太相符，如果直接插入会导致 PPT 的混乱，所以这时候我们就要对图片进行色相的调整。

选定图片，点"图片工具"格式选项卡中"调整"组的"颜色"后会弹出一个列表，如图 3-17 所示，里面可以进行饱和度，色调以及重新着色的调整。

六、图片的艺术效果

图片的艺术效果这里就是图片的特效，其实也是图片格式效果的一种。

我们选定图片，点"图片工具"格式选项卡中"调整"组的"艺术效果"后会弹出一个列表，如图 3-18 所示，这里共有 15 种预设的艺术效果供我们使用，常用有质感和虚化，其中虚化是制作 IOS 风格 PPT 常用的处理技巧。

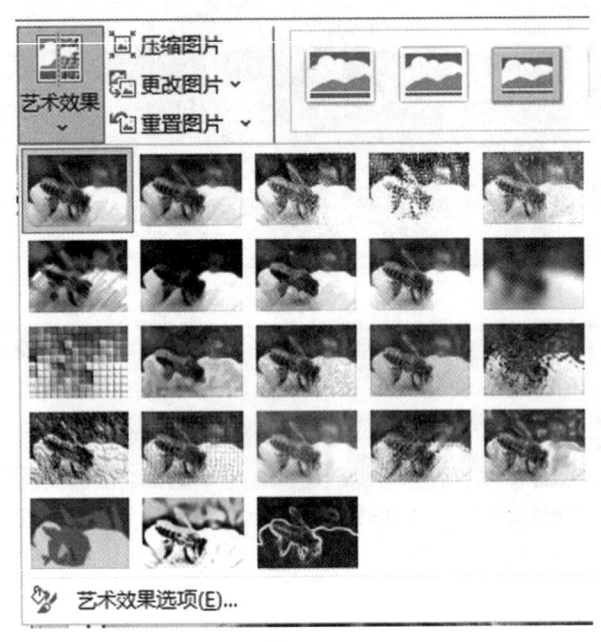

图 3-18

七、设置图片的样式

在 PowerPoint 中为用户提供了丰富的图片样式，通过它们可快速使图片更加丰富、生动。

选定图片后，通过"图片工具"格式选项卡"图片样式"，单击列出样式右边"其他"按钮 ▼，在弹出的"快捷样式"列表中选择需要的样式选项，便可将其应用于所选图片中，如图 3-19 所示。

八、设置图片的效果

我们选定图片后，可以通过"图片工具"格式选项卡"图片样式"组中的"图片效果"，对图片的阴影、映像、发光、柔化边缘、三维格式等进行设置。也可以右击打开"设置图片格式"窗格，对其相关参数进行精确设置，效果如图 3-20 所示。

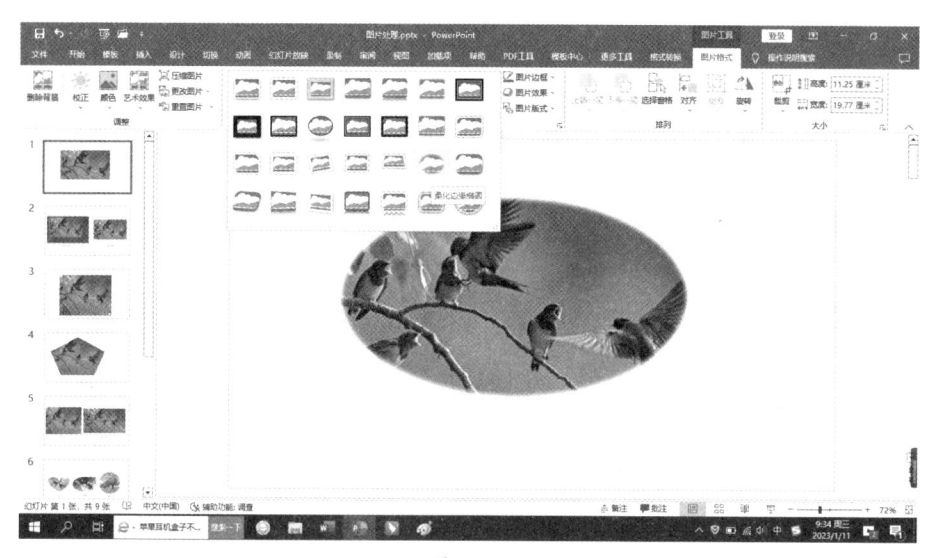

图 3-19

图 3-20

九、设置图片的版式

如果有多张图片，并希望对每张图片进行介绍或说明，可以通过设置图片版式快速得到想要的效果。

选定需要设置的多张图片后，可以通过"图片工具"格式选项卡"图片样式"组中的"图片版式",在弹出的列表中选择所需的版式即可,如图 3-21 所示。

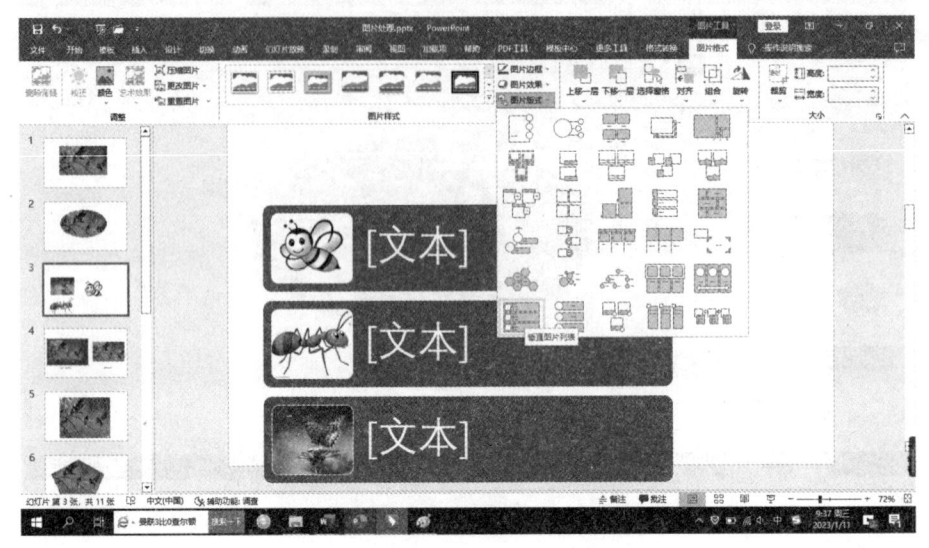

图 3-21

十、蒙版

PPT 中的蒙版,其实就是一层半透明色块,我们通过这个色块来降低图片对于文字信息的干扰,或者降低图片中部分内容的可见度,除此之外,给图片加一个半透明色块还能够提高 PPT 的格调。

图 3-22

在幻灯片中插入一个形状图形，在形状格式的窗格中，调整填充颜色的透明度，将边框线条设为无线条，其效果如图 3-22 所示。

第五节　课件制作中图片应用中注意事项

在 PPT 课件图片的占有量比较多，怎么去使用这些图片才能达到理想的效果呢？在课件的制作过程，在课件的制作过程中应该注意以下几个事项。

一、图文要相称

图片无论是用于解释文字，还是营造氛围，都是服务于文字的；反过来，文字也是解释图片的，两者相辅相成。一个好的配图首先要与文字对应，要选用与文字主题相关的图片。

二、使用高清大图

图片模糊会影响观感，而清晰的图片令人赏心悦目。

三、无水印之类的无关信息

下载网络图片有水印或一些不相干的文字，这类图片在使用时要把水印去掉，或者用色块遮挡，确保课件在播放过程中看不到类似信息。

四、无变形失真

图片扭曲变形是 PPT 初学者常犯的错误之一，有时候为了对齐或者整齐，强制对图片进行长度与宽度不等比的拉伸，结果导致图片变形失真，让人看上去很不舒服。为了保证图片的显示效果，在课件中使用的每一张图片都应当保持正常的长宽比例和适当的大小。

五、图片风格要统一

图片的类型有很多种，有照片写实的，有手绘卡通的，有以线条为主的，有以色块填充为主的，有剪贴画，也有自定义形状等等。但不管图片的风格如何，在一个特定的课件中，应当使用风格统一的图片，不论是图片的类型，还是图片的修饰以及排版的方式。

　　在针对儿童的课件中，不妨使用卡通风格的图片，这样更能吸引孩子们的注意力。对于一个课件来说，整体风格的统一是十分重要的。

第四章 PowerPoint 课件中图形处理技术

第一节 概述

图形也叫形状，在 PowerPoint 中提供了基本的图形绘制和编辑功能，只要灵活运用，可以绘制教学中用到的许多对象。在 PowerPoint 中绘制形状可以从"插入"选项卡→"插图"组→"形状"去操作，也可以从"开始"选项卡→"绘图"组→"形状"去操作。

第二节 绘制自选形状

选择"插入"选项卡→"插图"组→"形状"，在弹出的下拉列表中选择需要绘制的一种形状，如图 4-1 所示。当鼠标指针变为 + 形状时，按住左键拖动鼠标，便可绘制出所选形状的图形，如果在拖动鼠标过程中按住 Shift 键，则可绘制出圆、正方形、特殊角度直线类的图形。

弹出的下拉列表有许多预设的图形，其分类和用途说明如下：

一、线条

可以绘制带箭头或不带箭头的直线或曲线，以及任意多边形。

PowerPoint 课件制作与技巧案例研究

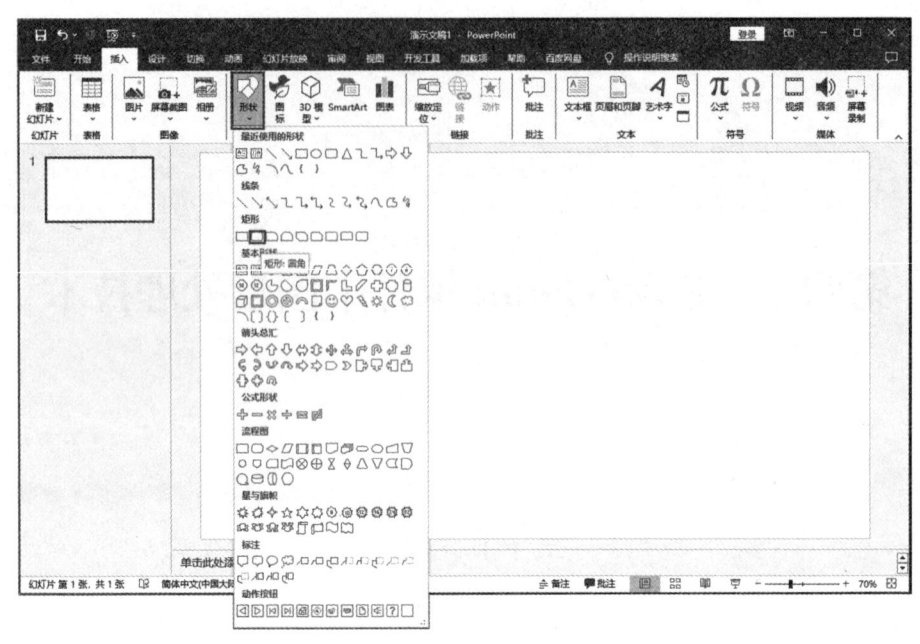

图 4-1

二、矩形

用于绘制各种形状的矩形。

三、基本形状

用于绘制各种几何图形和简单符号。

四、箭头汇总

用于绘制各种箭头符号，与线条绘制出的箭头符号相比，它可以设置填充颜色和边框颜色。

五、公式形状

用于绘制加、减、乘、除及等于与不等于符号。

六、流程图

绘制标准流程图的各种符号，有些也可以作为自选图形使用。如电路图中的"灯泡"和"正电荷"的表示符号。

七、星与旗帜

生动形象的星形和旗帜用于突出某个对象或文本，如表示爆炸的图形，也可以有多"齿"的星形来绘制转动的齿轮。

八、标注

用于对一些对象进行标注说明。

九、动作按钮

用于制作交互式 PPT 中的动作按键。

第三节 绘制形状的一些操作技巧

在绘制形状的过程中，掌握一些操作技巧很重要，将对我们的课件制作起到事半功倍的作用。

一、选定形状后，按住鼠标左键拖动，可以绘制任意大小的图形。

二、选定形状后，点击鼠标，绘制出一个长宽 1 厘米的"正图形"。

三、按住 Shift 键，拖动鼠标，绘制水平、垂直的直线或"正图形"，如正方形、圆、正三角形等。

四、按住 Ctrl 键，拖动鼠标，以起点为形状的中心绘制图形。

拖动鼠标绘出椭圆　　点击鼠标绘出直径为1厘米的圆　　按住Shift键拖动鼠标绘出正方形

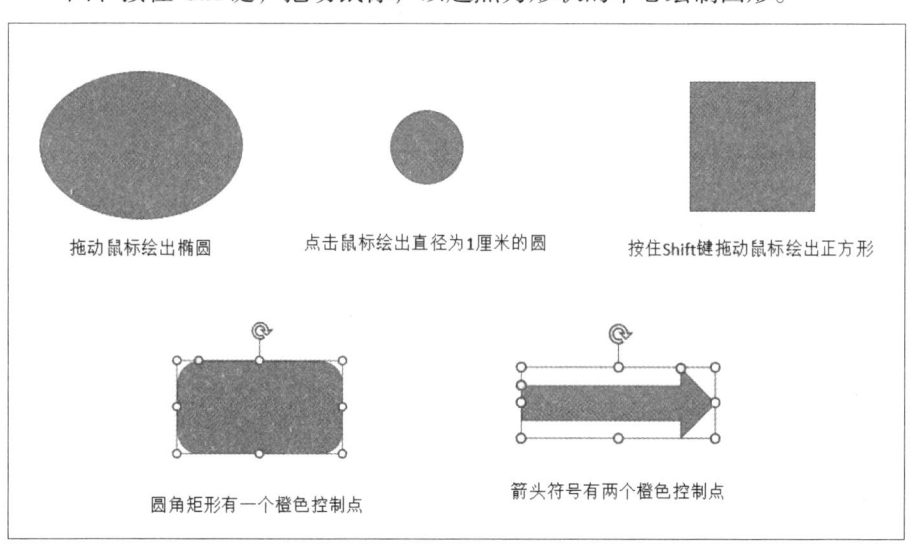

圆角矩形有一个橙色控制点　　箭头符号有两个橙色控制点

图 4-2

五、在幻灯片中单个选定图形，有的图形有橙色的控制点，拖动橙色控制点，可以调整图形的局部形状。

六、同时选定多个图形，在图形的编辑中，常常需要选定在同一张幻灯片中的多个图形，有两种方法实现：方法一是按住 Ctrl 键或 Shift 键，鼠标逐一选中图形；方法二是先点击"开始"选项卡→"编辑"组中的"选择"→"选择对象"，然后在幻灯片页面用鼠标拖一个矩形框，把所需选定的图形完全框在里面。以上案例如图 4-2 所示。

七、在 PowerPoint 中绘制图形时，不要受思维定式所限制，要具有创新思维的能力，由基本形状变换出许多丰富的图形来。如图 4-3 的形状变化，图 4-4 所示的平面图形变立体图。

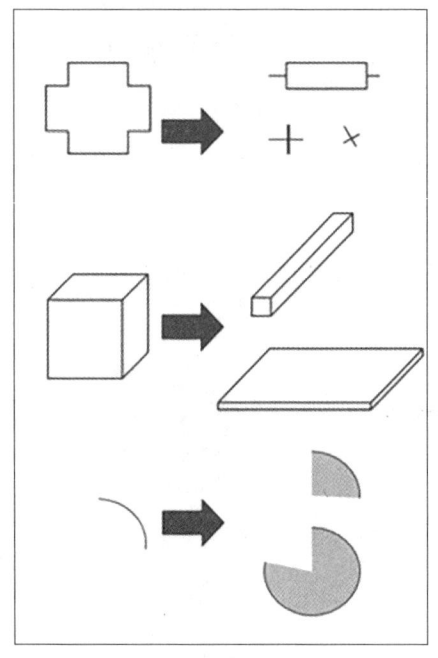

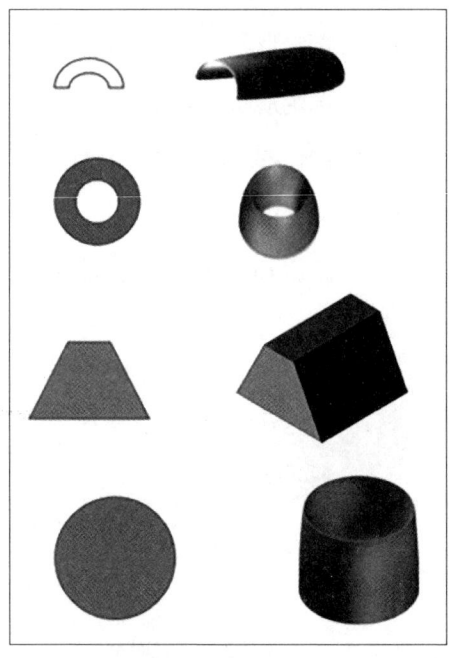

图 4-3

图 4-4

第四节 几种特殊图形的绘制

一、曲线的绘制

选定曲线后，点击鼠标是起点，在拐点处点击鼠标，终点处双击鼠标结束绘制，如果起点与终点不重合，得到的是一条曲线，可填充得到一个形状；如果起点与终点重合，则得到一个封闭的图形。如图 4-5 所示。

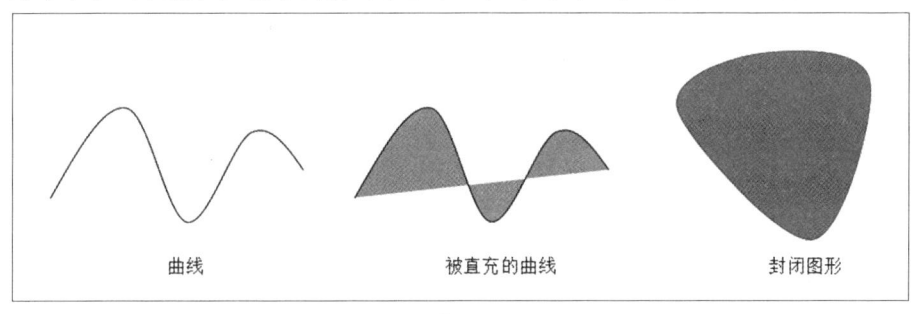

图 4-5

二、任意多边形：形状的绘制

任意多边形：形状的绘制与曲线绘制的方法完全相同，只是两顶点之间是线段而不是曲线，如图 4-6 所示。

图 4-6

三、连接符的绘制

在 PowerPoint 课件制作中，遇到一些有关联的图形需要线条连接起来，比如绘制流程图，这就在绘图过程中要用到"连接符"。

在幻灯片中绘制多个图形后，选定一个连接符。鼠标移到一个图形上时，图形边上出现多个连接顶点，点击一个连接点后拖动鼠标到另一个图形上，这个图形上也出现多个连接顶点。移到某个连接顶点上时，能感觉到有自动吸附功能，选定一个顶点连接，连接好两个图形后，连接符两端点呈绿色，表示这两个图形已连接起来了，拖动任一个图形，我们发现连接符会自动变换形状，保持连接状态。如图 4-7 所示。

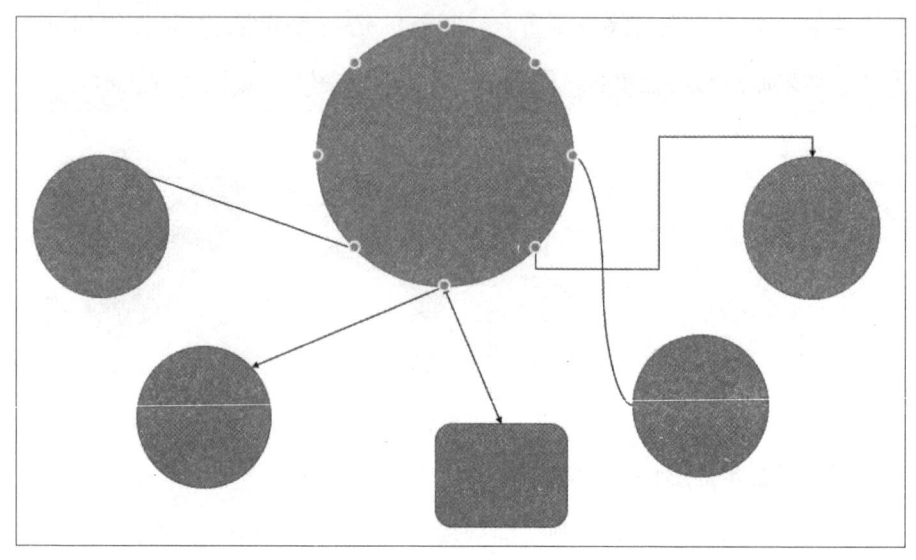

图 4-7

第五节　图形的层次、组合、对齐和旋转

一、图形的叠放层次

在图形的绘制过程中，要掌握好图形的叠放层次，先绘制的图形在下层，后绘制的图形在上层，如图 4-8 所示。

选定一个图形后，可以通过以下几种方式来更改它的叠放层次：

方法一："开始"选项卡→"绘图"组中的"排列"→"置于顶层/置于底层/上移一层/下移一层"。

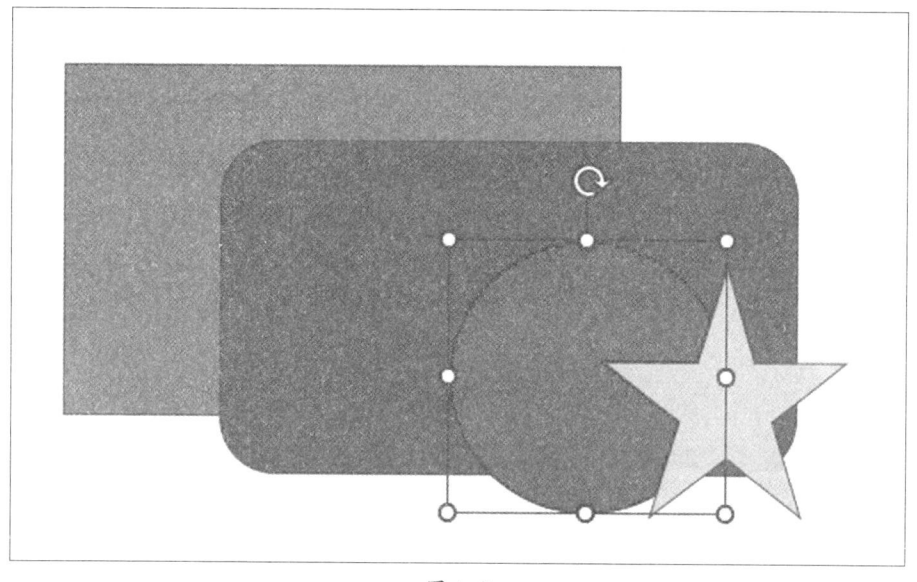

图 4-8

方法二："绘图工具 形状格式"选项卡→"排列"组→"上移一层/置于顶层、下移一层/置于底层"。

方法三：右键弹出的快捷菜单中"置于顶层/上移一层、置于底层/下移一层"。

方法四：在"选择"窗格中通过上、下移动或者用鼠标拖动其从上到下的顺序。

二、图形的组合

在课件制作过程中，往往是绘制多个图形才能得到我们所需要的图形，这多个图形需要形成一个整体才便于后期的移动或其他操作，这就是要将多个图进行组合。

首先选定多个图形，后续的操作方法类似更改图形叠放层次："开始"选项卡→"绘图"组中的"排列"→"组合"→"组合"。如图4-9所示。

PowerPoint 课件制作与技巧案例研究

三、图形的对齐

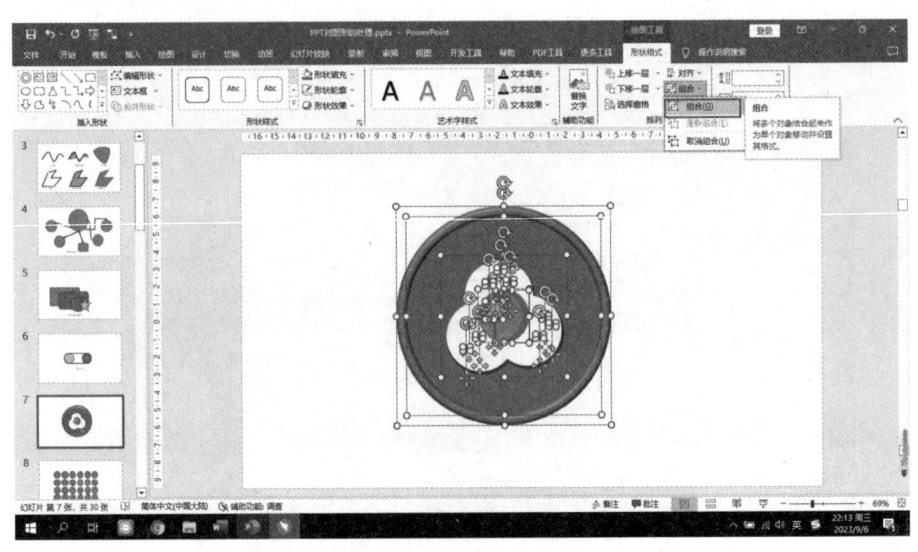

图 4-9

对于一张幻灯片中的多个图形，怎样使它们按上下、左右、居中对齐？多个图形之间水平或垂直的平均距离相同？如图 4-10 中这些圆是怎么排列整齐的？

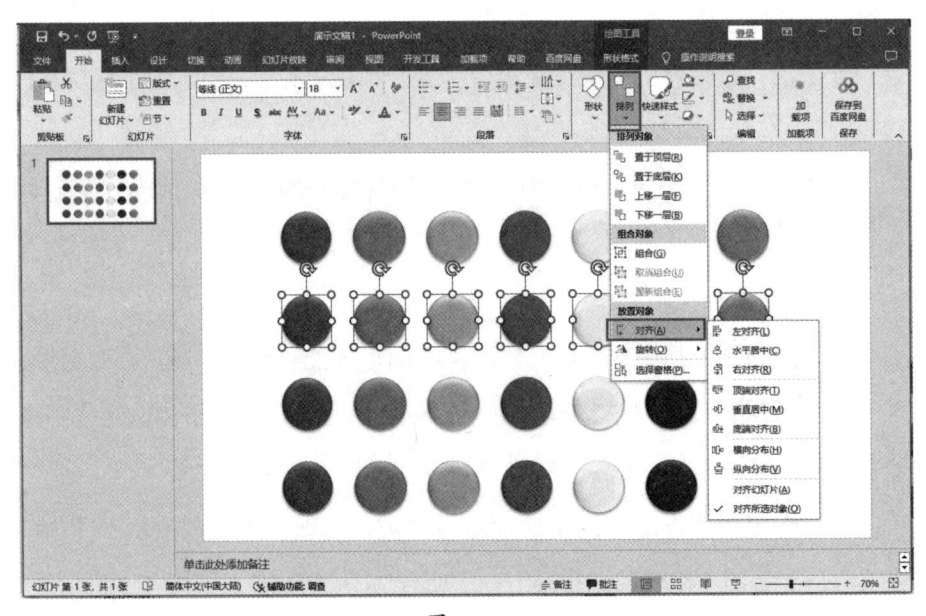

图 4-10

这需要我们先选定相应的多个图形后，通过"开始"选项卡→"绘图"组中的"排列"→"对齐"下面相关的命令，多次操作才能完成。

四、图形的旋转

有时我们在绘制的基本图形需要通过旋转一定的角度后才能用，最简单的方法就是，用鼠标拖动旋转控制点，自由旋转，如图4-11所示。

如果我们想在图形旋转过程中每次旋转150°角，按住Shift键用鼠标拖动旋转控制点，或者通过键盘"Alt+→""Alt+←"来实现。

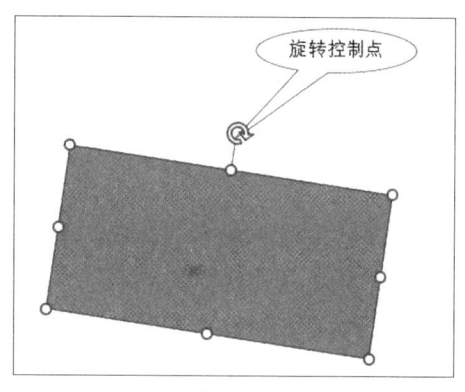

图 4-11

当然，也可以点击"开始"选项卡→"绘图"组中的"排列"→"旋转"下面相关的命令，实现一些特殊角度的旋转，或者点选我"其他旋转选项"打开"设置形状格式"窗格，在设置"大小"项，输入需要旋转的角度。

第六节　图形的更改与顶点编辑

一、更改形状

在幻灯片中，我们对一个图形编辑完成后，想把它换成其他形状，图形的大小、颜色、阴影等特性保持不变，可以运用"更改形状"来实现。

如图4-12所示，我们先对绘制的笑脸图形进行了颜色、样式中的形状、效果中预投、发光、阴影等等进行了设置，复制一个笑脸图形到右边，选定右边笑脸后，点"绘图工具 形状格式"选项卡→"插入形状"组

→"编辑形状"→"更改形状"，选择心形，更改后的心形其大小、颜色及形状效果与笑脸完全一样，这样就减少了我们通过重新插入一个心形后，对其效果设置的工作。

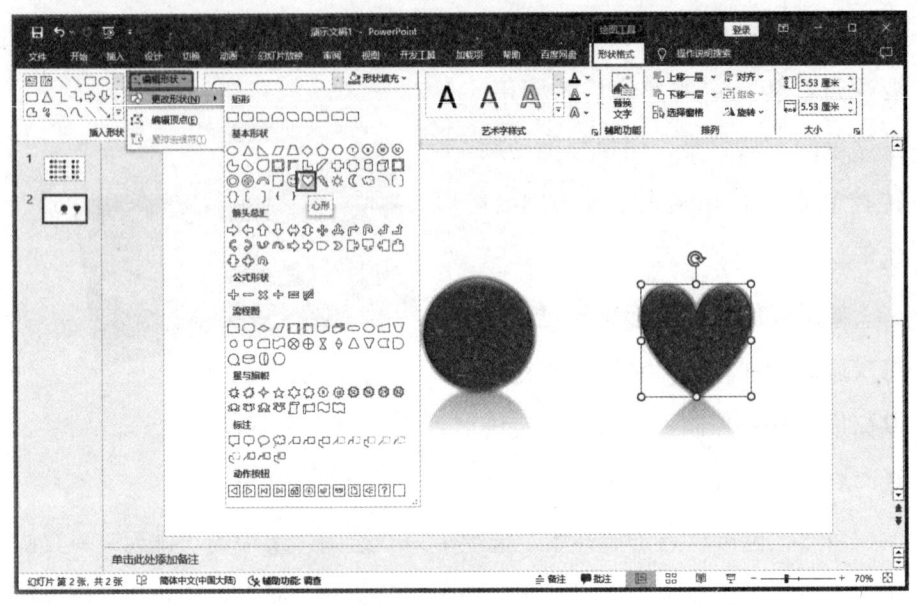

图 4-12

二、编辑顶点

在绘制的图形中，如果有橙色的控点，可以通过这个控制点来修改局部形状，既有的图形是没有这个橙色控点的，则需要通过编辑图形的顶点来更改形状。

选定图形，点"绘图工具 形状格式"选项卡→"插入形状"组→"编辑形状"→"更改形状"，所选图形每个角出现黑色点，连线变成红色，鼠标指针移到顶点或连线上都有相应的变化，拖动顶点可调整局部，在顶点处右击鼠标可弹出相关顶点编辑的菜单，如图 4-13 所示。在线段上右击鼠标可弹出相关线段编辑的菜单。

开放路径：形状轮廓（边框）会打开缺口。

关闭路径：形状轮廓（边框）闭合。

平滑顶点：顶点两边线段会同时调整，控制柄两边长度对称。

直线点：顶点两边线段会同时调整，控制柄两边长度不对称。

角部顶点：顶点两边线段独立调整。

在调整过程中，控制柄的长短、方向都对调整线段有不同的效果。

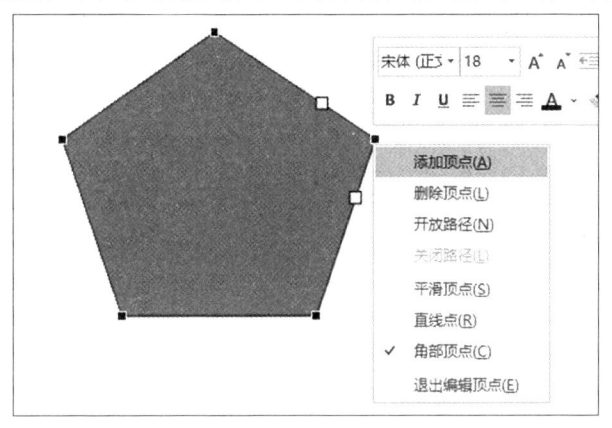

图 4-13

第七节 图形的布尔运算

布尔运算是英国数学家乔治·布尔于 1847 年提出的数学计算法。它的核心本质就是图形之间的逻辑推演，包括联合、相交、相减等。在图形处理操作中引用了这种逻辑运算方法以使简单的基本图形组合产生新的形体。

布尔运算必须两个及以上的对象参与运算，对象可以是基本的形状或者图片。需要说明的是，在幻灯片中文本框、基本几何图形等均属于形状范畴，各种格式的图像属于图片范畴。

布尔运算功能是从 Office 2010 开始被正式引入到 PPT 中的。只要你的 PPT 版本是在这之上，那么就可以先选中两个图形，点击"绘图工具 形状格式"选项卡→"插入形状"组

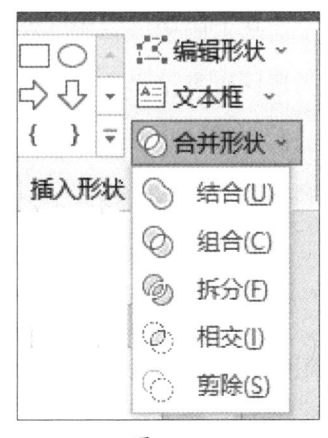

图 4-14

→"合并形状"，弹出一个叫作合并形状的下拉列表，如图 4-14 所示。

我们在幻灯片中绘制一个蓝色方形和一个红色圆，选定两个对象的顺序不同，做布尔运算结果对比如图 4-15 所示。

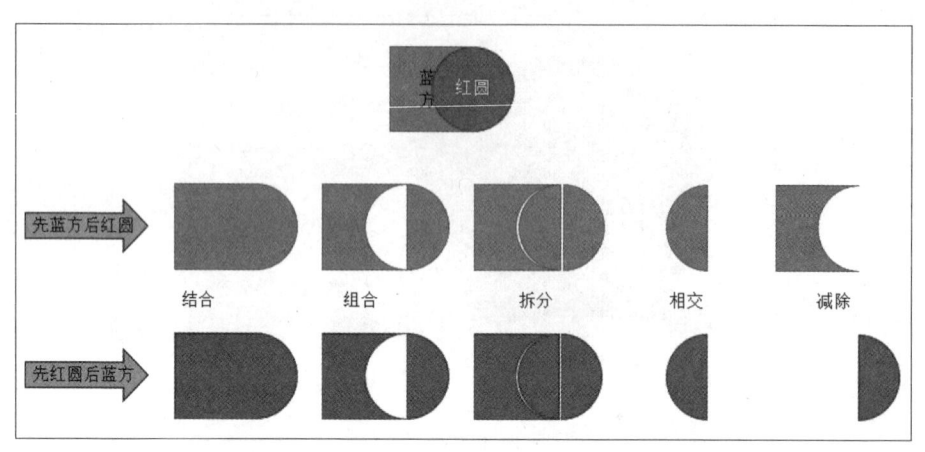

图 4-15

结合：将所选的图形联结成一个整体，相交部分的边框不再显示。

组合：将所选的图形联结成一个整体，相交部分被删除。

拆分：将所选的图形沿着边框分割成多个新的图形。

相交：只保留选定的多个图形重合的区域，不重合的区域被自动删除。

剪除：就是从最先选定的图形中剪去与后选图形相交的部分，得到新的图形。

从上图中可看出，在进行布尔运算时，选择对象的先后顺序对于生成的形状有直接影响。一般来说，第一个选择的对象为被处理对象，后来选的对象是基于前者进行运算。前四种运算，即结合、组合、拆分、相交得到的新图形形状相同，只是颜色与先选定图形颜色一样；而最后一个剪除运算，虽然新的图形形状不一样，但它的颜色还是与最先选定的图形颜色一致。了解了这一点，我们在做图片与图形的布尔运算时往往就应该先选定图片再选定图形，才能得到理想的效果。

第八节　应用案例

一、绘制直角坐标系

（一）在幻灯片中通过插入形状，按住 Shift 键绘制两条水平、垂直方向的箭头直线，调整位置变得到坐标轴。

（二）利用文本框标出相应的 X、O、Y。

（三）绘制垂直直线，调整高度为 0.2，并复制多条作为刻度线。

（四）调整最左边和最右边刻度线位置，选定所有刻度线，选择"绘图工具 形状格式"选项卡→"排列"组→"对齐"→"顶端对齐""横向分布"按钮。

（五）选定所有刻度线，选择"绘图工具 形状格式"选项卡→"排列"组→"组合"→"组合"按钮。

（六）将组合后的刻度线调整到 X 轴上，中间一刻度与 Y 轴重合，作为水平刻度。

（七）选中水平刻度线，复制一个整体，然后选择"绘图工具——形状格式"选项卡→"排列"组→"旋转"→"向右旋转 90°"按钮，得到垂直刻度线。

（八）调整垂直刻度线位置到 Y 轴上，中间一刻度与 X 轴重合。

（九）选定图中所有对象，选择"绘图工具 形状格式"选项卡→"排列"组→"组合"→"组合"按钮，即完成。

二、绘制一个如图奥运五环图

（一）在幻灯片中插入一个空心圆图形，调整好其大小及形状，得到一个圆环。

（二）选定圆环，按 Ctrl+C、Ctrl+V 复制四个圆环。

PowerPoint 课件制作与技巧案例研究

（三）设定五个的圆环的颜色、通过"对齐"调整好位置、叠放层次设置为从左到右从底层逐一向顶层，选定五个圆环，把它们"组合"成一个整体得到五环图一，如图4-16所示。

图 4-16

（四）复制五环图一，通过取消组合后，调整叠放层次为从左到右从顶层逐一向底层，重新组合得到五环图二，如图4-17所示。

图 4-17

（五）选定五环图二，"剪切"然后"选择性粘贴"为"图片"，得到五环图三。

（六）选定五环图三，通过自由"裁剪"把其下半部分剪掉，保留上半部分，如图4-18所示。

图 4-18

（七）把裁剪后的五环图上三重叠到五环图一上，调整好位置即得到完整的奥运五环图，如图 4-19 所示。

图 4-19

三、运用图形—图片的布尔运算实现图片的形状裁剪

（一）在幻灯片中插入一张图片，调整好大小。

（二）在幻灯片中插入一个图形。

（三）把图形移动到图片上相应位置，并调整好大小。

（四）先选定图片、再选定图形，点击"绘图工具 形状格式"选项卡→"插入形状"组→"合并形状"→"相交"，即可得到形状裁剪的样式，如图 4-20 所示。

图 4-20

PowerPoint 课件制作与技巧案例研究

四、制作图片与文字叠放的布尔运算效果

（一）在幻灯片中插入一张春天的图片，调整好其大小。

（二）插入艺术字"春天"。

（三）插入文本框，输入文字"春天"。

（四）将文字"春天"字体设置为粗壮的华文琥珀、字号设置为200磅。文本框叠放在图片的上面。

（五）先选定图片、再选定文本框，点击"绘图工具 形状格式"选项卡→"插入形状"组→"合并形状"→"相交"，还可为其添加一些"图片效果"，得到如图4-21所示。

图 4-21

五、制作图形与文字拆分的布尔运算效果

（一）在幻灯片中插入艺术字比如"思"字。

（二）将艺术字"思"字号设为200磅。

（三）在"思"字旁边插入一个图形。

（四）同时选定文本框和图形，点击"绘图工具 形状格式"选项卡→"插入形状"组→"合并形状"→"拆分"，这样把"思"字不相连的笔画拆分成了图形，删除多余的图形。

（五）将"思"字下边心中心点删掉，画一个"心形"替代。

图 4-22

（六）选定"思"字中的笔画图形，右击鼠标→"编辑顶点"、拖动控点改变其局部形状，不同的笔画可设置不同的颜色，如图4-22所示。

六、通过笔画替代使标题文字形象化

（一）在幻灯片中插入文本框，输入"枝"字，并设置好其字体、字号和文字颜色。

（二）在文本框旁插入一个图形。

（三）同时选定文本框和图形，点击"绘图工具 形状格式"选项卡→"插入形状"组→"合并形状"→"拆分"，这样把"枝"字不相连的笔画拆分成了图形。

（四）删除"枝"字木旁中的横、撇、捺，只留下竖笔画。

（五）插入在两棵荔枝和叶子的图片，拖到竖笔画上，调整大小，代替横、撇、捺笔画。如图 4-23 所示。

图 4-23

七、运用视频或 GIF 动画，使文字动起来

（一）在幻灯片中插入一张火焰燃烧的 GIF 图片。

（二）插入文本框，输入"毁灭"两字，设置其字体为"华文琥珀"，这样文字显得粗壮点，调整文字大小。

（三）先选定 GIF 图片，再选定文本框，点击"绘图工具 形状格式"选项卡→"插入形状"组→"合并形状"→"相交"，这样在幻灯片放映时就能看到毁灭两个字由燃烧的火焰填充，从而使文字产生动感效果，如图 4-24 所示。

图 4-24

第五章 PowerPoint 课件中音频处理技术

第一节 概述

音频泛指人类能够听到的所有声音，它是信息交流的重要媒介。声音与文字和图片相比，更能在潜意识层次影响学生的情绪。不论是为学生创设一种带音乐的学习氛围，还是利用声音表达欢快、悲伤的情感，在课件设计制作中，都应重视声音的作用。

同时，声音在课件使用过程中也更容易带来干扰。如果一个课件在使用时，打字、鼓掌、刹车、风铃等声音添加过于频繁，就不能起到集中学生注意力的作用，会使学生分心，因此在声音的选择和使用上一定要慎重。

第二节 音频在课件中的作用

音频作为一种信息载体，对于课件在教学中的作用有以下几点：

一、利用声音直接提供学习内容的信息

在课件中配合课件内容提供解说，用于说明事物的现象，对学习者给予指导和疏导，提供听觉信息。解说在课件中起到承上启下、穿针引线的作用，要求朴实生动，清晰流畅，通俗易懂，节奏合理，准确无误。

二、利用声音提供示范信息

主要用于音乐或语言的教学中提供标准的声音示范，如生字、词的读音。

三、提供提示信息，以引起学生的注意

另外也可以利用声音为学生提供反馈信息，如可根据学生回答情况提供欢快的声音或难过的声音。

四、作为背景音乐

用于烘托特定的内容情节的氛围，深化主题，转换时空，对学习的节奏和氛围给予一定的调节。为配合场景，应该选择一些清新、舒缓、悠扬的曲目。

五、渲染情境

为学生创设真实的场景。用于模拟在特定场合中产生的效果声音，比如心跳声、呼吸声、流水声，也就是我们常说的音效。音效主要是表现真实感和增强气氛，对揭示事物的本质、扩大画面的表现力，增强画面的层次感和空间感，具有十分重要的作用。

在制作课件中，为了突出教学重点，要精心选择音效，并可适当进行夸张，但不能影响教学内容的真实性。总之，课件中音频素材的这几个教学功能，用于丰富教学内容所涉及的事物和现象，增加内容的表现力，具有非常重要的作用。

第三节　在 PowerPoint 课件中插入音频文件

我们需要声音的幻灯片中，通过"插入"选项卡→"媒体"组→"音频"→"PC上的音频"，去电脑里选择音乐，选中后点击"插入"，把音乐插入幻灯片。如图 5-1 所示。

PowerPoint 课件制作与技巧案例研究

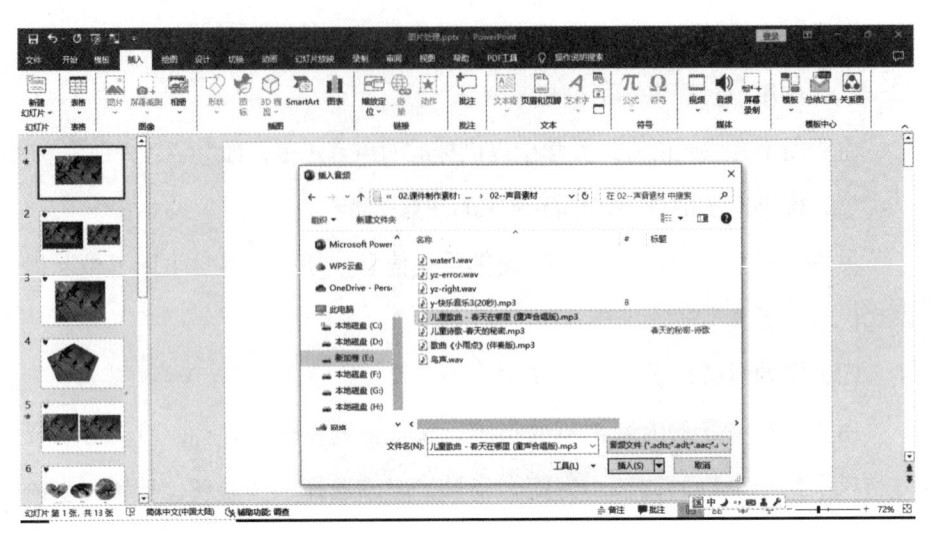

图 5-1

音乐插入后，会有个喇叭的标志，默认在页面居中位置，为了不影响编辑排版，最好拖拽到左上角页面以外的位置，如图 5-2 所示，这个喇叭图标可以像图片、图形编辑一样改变其大小。

图 5-2

在幻灯片中，当选定喇叭图标时，在功能区出现音频工具"播放"选项卡，如图 5-3 所示，在这里我们可以对所插入的音乐进行播放设置或者适当的编辑处理。

图 5-3

在"音频选项"组中，我们可以根据实际需要，在"开始"中选择"自动"或者"单击"来设置音乐开始放播放的方式，如果不想让观众看见喇叭图标，就勾选"放映时隐藏"或者点选"在后台播放"，也可以把图标拖到幻灯片以外区域。

如果我们想幻灯片从第一页到最后一页全程播放音乐，就勾选"循环播放，直至停止"，勾选"跨幻灯片播放"，演讲全程，音乐以单曲循环的方式播放。这种设置比较适合情感或励志类演讲，需要背景音乐来烘托现场气氛。

只在某一页上播放音乐，翻到下一页时，音乐立刻停止。其他参数不变，取消勾选"跨幻灯片播放"就可以了。这种设置比较适合会议正式开始前的暖场，演讲中的抽奖或做游戏的环节，需要一些欢快的节奏感强的音乐让现场气氛活跃起来。

对音频播放的设置，还可以通过单击"动画"选项卡→"高级动画"

图 5-4

组→"动画窗格",在右边的"动画窗格"中双击相应的声音对象动画,可以在弹出的"播放音频"对话框中进行播放等声音选项设置,如图 5-4 所示。

在音频工具的"播放"选项卡中我们还可以对所插入的音频文件进行"剪裁音频"和"淡化持续时间"的编辑处理。

第四节 在 PowerPoint 中插入背景音乐的新方法

通过将声音文件插入到幻灯片中,并通过相应的播放选项的设置从而实现声音的跨幻灯片播放。其实在 PPT 课件中动画和幻灯片的切换都可以设置声音效果,对于动画中的声音效果在后面的章节讲解,这里讲讲通过为幻灯片放映设置切换声音来实现背景音乐的效果,此种方法与上述方法不同之处在于:插入幻灯片的声音可以是 MP3、WAV 等多种格式,但设置幻灯片切换声音只能是 MP3 格式的,而且声音文件是嵌入地 PPT 文件中的,具体设置方法是:

图 5-5

选择要插入背景音乐的幻灯片，单击"切换"选项卡→"计时"组→"声音"→"其他声音"（这里有一些软件自带的声音可以选用），找到需要的声音后点击"确定"，可以勾选下面的"播放下一段声音之前一直循环"筛选框，如图5-5所示。

利用上述方法可以设置声音播放开始和结束的位置，对于音乐本身，也可以通过"音频工具"中"播放"和声音选项设置起始和结束的地方。这样可以为不同内容的幻灯片设置不同的背景音乐，而且可以选择背景音乐。设置背景音乐的声音，一般都应该设置为循环播放。

第五节　录制和使用旁白

在PowerPoint中，旁白是指事先准备好的幻灯片解说。PowerPoint的"幻灯片放映"选项卡"设置"组中直接提供了"录制"命令用于录制旁白。点击"录制"命令，幻灯片进入播放状态，并开始录制旁白，不仅可以录制声音，还可以录制操作笔迹。

旁白可以为学习者提供更多关于课件内容的讲解及具体的学习指导，利用旁白可以在一定程度上解决师生学习空间上的分离，教师不必在现场做演示，直接使用录制好的演示旁白，这样对时间控制也更为精确。

第六章 PowerPoint 课件中视频处理技术

第一节 概述

视频具有直观、形象、生动,能真实传达事物及其所处环境等特征,它能够真实、全面地记录教学内容,从而让学生去体会了解。所以在讲述一个地方的地形、地貌,介绍一个建筑的结构,描述景色等情况下比较适合运用视频资料,这样可以给学生以很强的真实感、现场感,增强学习效果。

视频的主要特点是具象性,通过视频可以提供生动、鲜明、准确和逼真的感性材料,反映具有动感和美感的具体形象。鲜明、生动的形象能提高教育对象对讲述重点的选择性和理解性,也能加强注意的稳定性、持久性和集中性以及记忆的牢固性。所以在表现一些具体过程、具体操作时比较适合运用视频资料。视频资料具有表现性强的特性,能够渲染气氛、调动情绪。它表现事物细节的能力强,适宜呈现一些让学习者感觉比较陌生的事物;它的信息量很大,具有很强的感染力。所以在有些军事类战争题材、历史题材中比较适合运用视频。

视频一般是用摄像机记录的运动场景,当然,随着计算机技术的发展,当今,也有许多视频是由计算机生成制作出来的,人们用的智能手机也可拍摄视频。

第二节 视频在课件中的作用

视频在整个教学过程中对促进学生学习的好处和作用较多，归纳起来有以下几点：

一、直观性

突破视觉的限制，多角度地观察事物，能够突出要点，信息量大，能节约时间空间，提高教学效率，有助于概念的理解和方法的掌握。

二、动态性

视频具有动态性，能促进学生对概念及过程的理解，能够有效的突破教学难点。

三、交互性

视频具有图文声像并茂的特点，能够多角度调动学生的情绪、注意力和兴趣。学生有更多的参与感，学习更加主动，并通过创造反思的环境，有利于学生形成新的认知结构。

四、可重复性

视频的可重复性有利于学生自主、反复学习。视频可通过记录实验过程，对普通的实验结果进行扩充，并通过对真实情境的再现和模拟，培养学生的探索、创新能力，从而突破教学中的难点，减少遗忘。

五、针对性

视频可以针对不同学生的教学实现因材施教。

第三节　在 PowerPoint 课件中插入视频和播放设置

一、插入视频文件

在 PowerPoint 中使用视频，一般都是先将视频文件素材保存在计算机中，插入视频常用方法有如下三种。一是用鼠标直接将视频文件拖到幻灯片中，二是点击幻灯片中的"插入视频文件"占位符按钮插入视频文件，三是通过"插入"选项卡插入视频文件，这里以第三种方法为例讲解视频的插入方法和步骤：

（一）运行 PowerPoint 程序，打开需要插入视频文件的幻灯片。

（二）将鼠标移动到菜单栏中，单击"插入"→"媒体组"→"视频"→"此设备"命令。如图 6-1 所示。

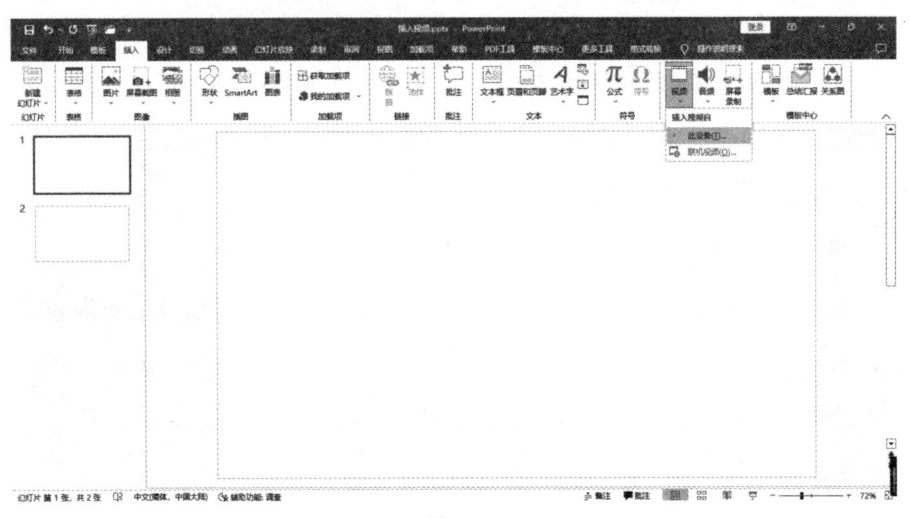

图 6-1

（三）在随后弹出的文件选择对话框中，将事先准备好的视频文件选中（如：儿歌:《小蜗牛》），并单击"插入"按钮，如图 6-2 所示，这样就能将视频文件插入到幻灯片中了。

从这里的视频类型可看出，PPT支持的视频格式很多，常用的格式有：MP4、AVI、MKV、MOV，等等。

图 6-2

在幻灯片中，用鼠标选中插入的视频，其播放框四周出现八个控点，像图片一样可调节大小和移动位置，将它移动到合适的位置后，可通过播放框下方播放控制条中的"播放"按钮来播放视频，查看效果。

在幻灯片播放过程中，可以将鼠标移动到视频窗口中，单击一下，就能实现视频暂停播放和继续播放。

二、视频选项的设置

在插入视频的幻灯片中，当我们选定视频对象后，在菜单栏多出了"视频工具"包含视频格式和播放两个选项卡，如图6-3所示。这里的视频格式选项卡主要是对视频插入外框设置，方法与前面讲的图片设置一样，在此主要讲解一下播放选项卡的设置方法。

音量调节：对视频播放时音量进行设置，有低、中等、高、静音四档可选，也可以通过点击播放控制条中小喇叭弹出音量控制滑块来调节。

开始播放：设置视频在幻灯片放映过程中的开始播放方式。

按照单击顺序：单击屏幕任意位置都会播放视频。

自动：切换到该幻灯片时就自动播放。

单击：只有单击视频播放窗口才会播放，勾选"未播放时隐藏"时不起作用。

全屏：播放时，视频窗口撑满整个屏幕，当窗口高度与宽度的比与屏幕不一致时，以高度或宽度先撑满屏幕为准。

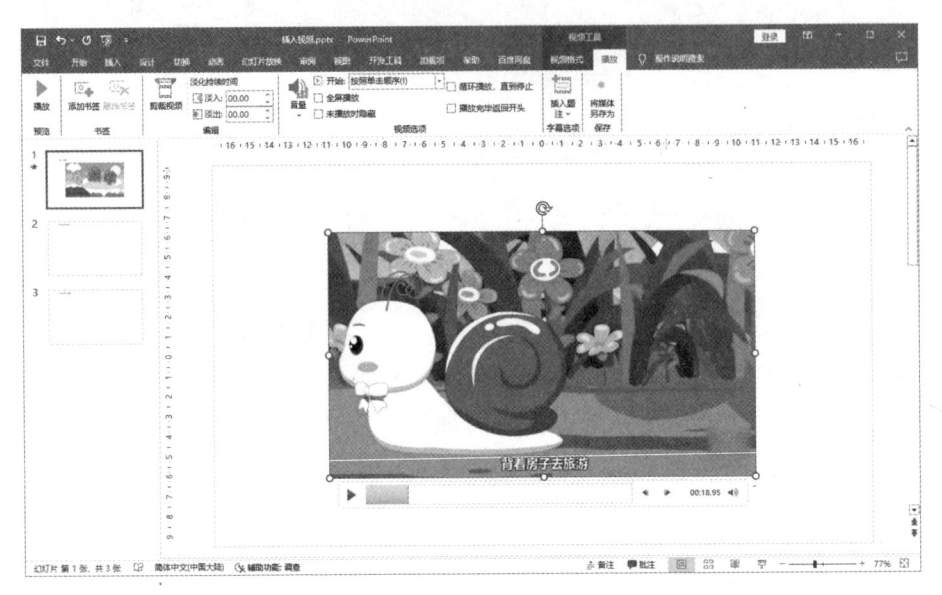

图 6-3

未播放时隐藏：切换到该张幻灯片时，视频没有播放则不显示视频对象，因此，这种情况下不能设置"单击"播放模式，否则没法播放。

循环播放，直到停止：指视频会循环播放，一直到 PPT 结束放映。

播放完毕返回开头：指放映结束后，视频窗口静止画面为视频开头，否则画面为视频结尾。

三、视频编辑

在视频编辑组中，主要是对插入的视频内容只想选取一段播放，这样就要对视频进行剪裁操作。还可以对视频设置淡入、淡出。

（一）剪裁视频

在幻灯片中选取视频后，点"视频工具"→"播放"→"编辑组"→"剪裁视频"，弹出剪裁视频对话框，如图 6-4 所示。

图 6-4

在剪裁视频对话框中上面是视频的预览窗口，右上角显示持续时间，下面有一个绿色滑杆和一个红色滑杆，用来定位剪裁视频的开始位置和结束位置，再下来是开始时间框和结束时间框，中间有播放按钮和上一帧、下一帧微调按钮。在视频剪裁过程中，要哪一段，可以通过调整绿色开始滑杆和红色结束滑杆，再通过上一帧、下一帧微调按钮进行微调；如果你知道所需视频剪裁的开始和结束的具体时间，可以直接在开始和结束的时间框中输入即可，然后点击"确定"完成视频的剪裁。视频剪裁和图片的裁剪一样，并不是删除不要的视频段，而是相当把不要的隐藏起来了，播放时只播放视频中剪的那一部分。

（二）设置视频的淡入、淡出效果

对视频设置淡入和淡出效果，是使视频在播放过程中有一个开始慢慢的出现和最后退出的效果，即视频播放开始从模糊变得清晰，结束时从清晰慢慢变淡，只需设置这个过程的持续时间即可。

（三）视频书签

视频书签的功能有两个，一是定位，可以直接定位到书签节点开始播放，二是作为动画的触发器（关于PPT的动画将在后面的章节讲解）。

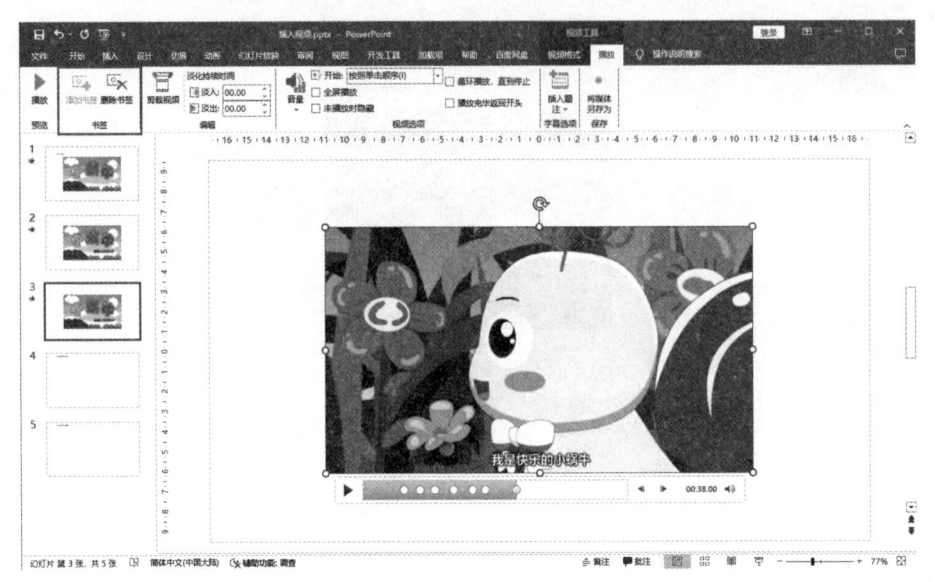

图 6-5

选定视频，点击播放按钮，当播放到要添加书签位置时点击暂停按钮，然后点击"视频工具"→"播放"→"书签组"→"添加书签"，一个视频可添加多个书签，在视频下方的播放控制条中可以看到，添加书签的位置有一个圆圈，如图6-5所示。播放视频时用鼠标单击书签，跳转到相应位置开始播放。选定某个书签后，该书签圆圈变为黄色，可点击"删除书签"对书签进行删除。

对于书签的第二个功能，要在后面学习了对象动画后才能应用，这里只需大家知道这一功能是当视频播放到某个书签时会触发一个动画执行。比如在视频播放中其歌词会在相应的时间出现。

第六章　PowerPoint 课件中视频处理技术

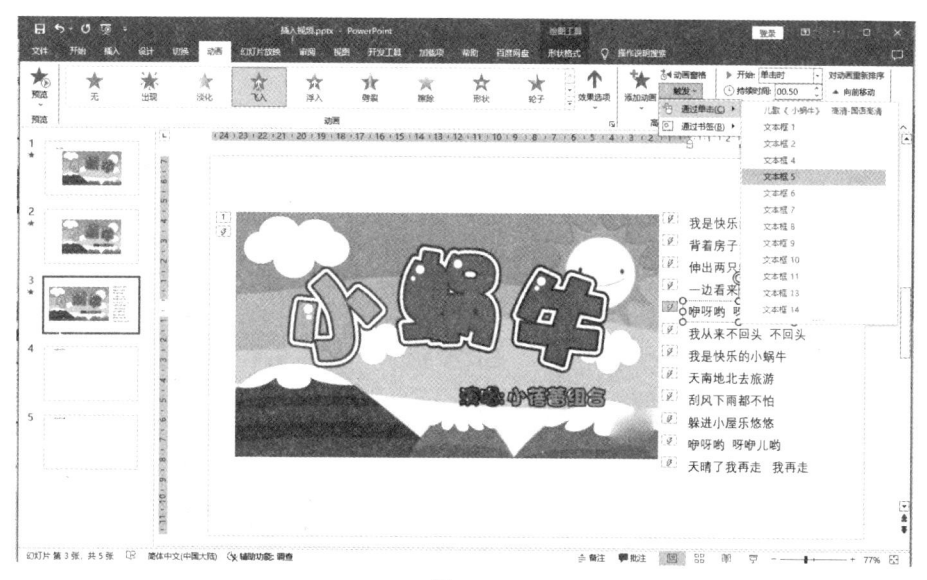

图 6-6

（四）为视频添加封面

默认情况下，我们看到的视频封面是其开始播放时那一刻的画面，有的视频插入后只显示一个黑框，而有些时候，为了让别人知道将要播放视频，或者为了提示别人关于视频的内容，我们可以为其添加一个封面。

为视频添加封面的方法：

选择视频，点击"视频工具"→"视频格式"→"调整组"→"海报框架"→"文件中的图像"→"从文件中"，选择事先准备好的封面图片，点击"插入"，如图 6-7 所示。这时候，我们可以看到，视频的封面已经发生了变化，视频封面设置成功。

（五）为视频添加字幕

前面是运用书签为视频添加了字幕，这种方法做起来比较麻烦，其实对于 PPT 中插入的视频本身就具有字幕的功能，选定视频后，点击"视频工具"→"播放"→"字幕选项"组→"插入主题"，如图 6-8 所示。揭示在此处插入媒体的 WebVTT 隐藏式字幕，这里就要求事先把字幕做在一个 .vtt 的文件中，然后在这里调用即可。

图 6-7

这个 .vtt 文件可以在记事本中编辑，要求首先用大写字母写上 WEBVTT，内容按时间间隔写出字幕文字内容。每一句歌词前写出其出现和结束的时间，格式为：00:00:00.000-->00:00:00.000，

这里以为例，先把歌词和出现的时间段按要求写入文本文件中，如图

图 6-8

6-9 所示，注意其间的空行。先保存为 .txt 文件，如字幕 .txt，注意编码选择 "UTF-8"，然后把文件的扩展名改为 .vtt。

```
WEBVTT

00:00:10.010 --> 00:00:14.000
我是快乐的小蜗牛

00:00:14.017 --> 00:00:17.060
背着房子去旅游

00:00:17.088 --> 00:00:22.010
伸出两只犄角

00:00:22.060 --> 00:00:27.000
一边看来一边走

00:00:27.030 --> 00:00:30.010
咿呀哟  呀咿儿哟

00:00:30.036 --> 00:00:38.000
我从来不回头  不回头

00:00:38.014 --> 00:00:42.020
我是快乐的小蜗牛

00:00:42.050 --> 00:00:46.060
天南地北去旅游

00:00:46.080 --> 00:00:51.000
刮风下雨都不怕

00:00:51.028 --> 00:00:55.010
躲进小屋乐悠悠
```

图 6-9

插入题注文件后，在下面的控制条上多出一个"显示/隐藏音频和字幕菜单"按钮，点击它勾选插入的字幕文件，如图 6-10 所示，播放看看效果。

图 6-10

（六）把视频装进电视机里

一般插入的视频，可以用一张有电视机的图片加以装饰，增加观赏效果。

1. 在幻灯片中插入电视机图片；

2. 插入一个电视机屏幕大小的矩形；

3. 运用布尔运算把电视机屏幕抠掉；

4. 插入视频，调整其大小、位置，置于底层。

效果如图 6-11 所示。

第六章　PowerPoint 课件中视频处理技术

图 6-11

第七章　PowerPoint 课件中母版使用技术

在 PPT 的编辑过程中，母版使用是在 PPT 页面先选定一种版式来进行编辑，其实无论你选定不选定，新建的幻灯片都是版式中的一种，如图 7-1 所示。

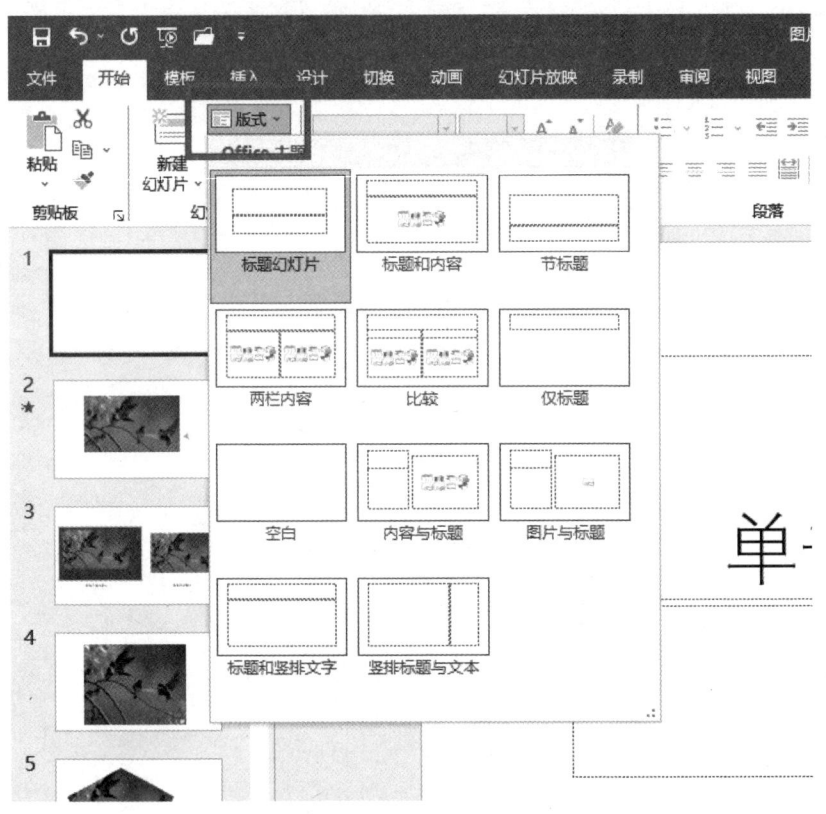

图 7-1

PPT中的这些版式是怎么得到的呢？其实是通过PPT母版设计的，在母版中我们可以设计出具有特色的版式应用在幻灯片中，会使我们设计出来的PPT演示文稿具有统一的风格，并且具有设计者特有的风格体系，这一章我们将来学习怎么设计母版中的版式。

第一节　什么是母版

在PPT的设计中，我们经常听说PPT模版，运用模版来设计PPT课件，非常方便快捷，那么这里讲的母版和模版有什么区别呢？

模板是一个现成的版式PPT，母版是一个还未成形的PPT。

简单地说就是通过调整PPT母版的版式最后能够形成一个为大家所共用的PPT模板。我们设计好PPT母版的版式后可以保存为PPT模板。

那么，什么是PPT母版呢？PPT母版又称幻灯片母版，是存储有关应用的设计模板信息的幻灯片，包括字形、点位符大小或位置、背景设计和配色方案。

用通俗话来讲，就是它能够帮助我们快速地统一PPT版式的底板样式，可供用户设定各种标题文字、背景、属性等，只需要更改一项内容就可更改所有幻灯片的设计。

第二节　PowerPoint母版设计

在幻灯片编辑页面，通过点击"视图"选项卡→"母版视图"组→"幻灯片母版"就进入幻灯片母版的编辑模式，图7-2所示。

左侧是幻灯片母版的操作界面，呈现树形目录结构，最上面的幻灯片是 PPT 的母版，下面的一系列幻灯片是这母版的子版，与前面看到的幻灯片板式相同。

图 7-2

当我们在母版上操作的时候，它的整个子版都会跟着变化，比如我们在这里插入一个形状，下面的所有子版都会插入该形状，而 PPT 页面的编辑也受版式影响，也会跟着插入图形，如图 7-3 所示。如果在一个子版中插入形状，你会发现只有它一个变动，其他子版及母版都不会受影响，在 PPT 编辑页面中也只有运用了该版式的幻灯片受到影响，如图 7-4 所示。

图 7-3

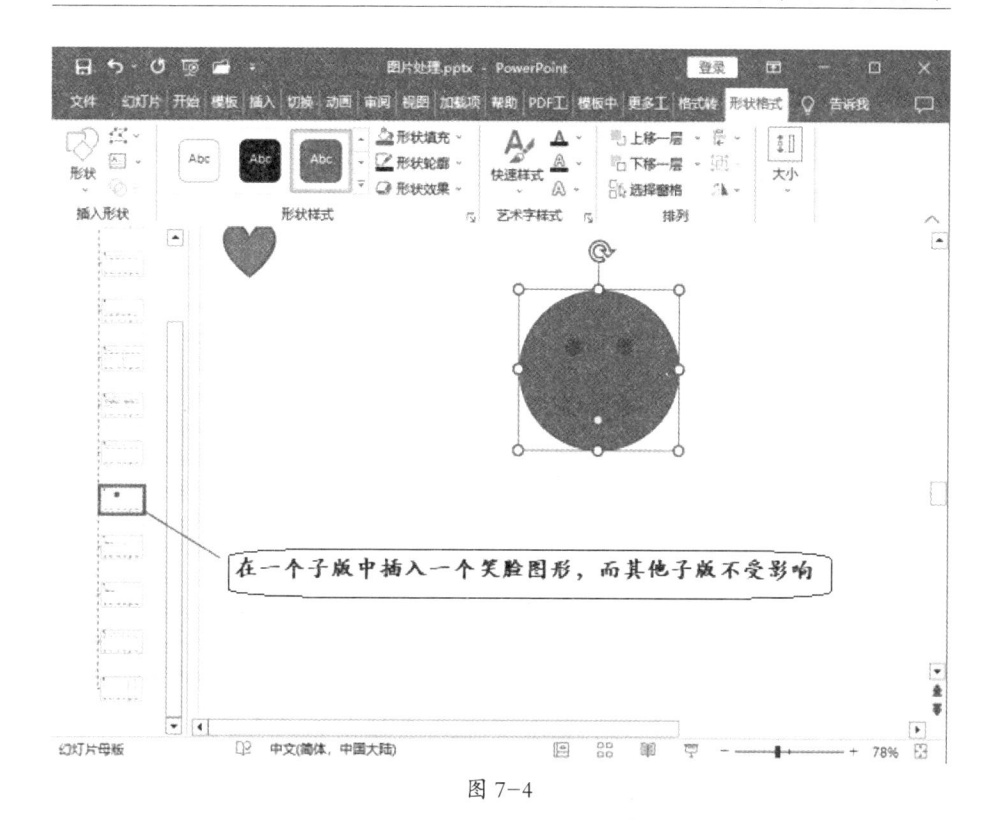

第七章　PowerPoint课件中母版使用技术

图 7-4

第三节　个性化母版的制作

母版的制作与幻灯片的设计制作相同，通过版式的应用，会使整个PPT具有同一种风格。

我们新建一个空白演示文稿，在这里设计一个幻灯片母版，在标题页幻灯片中主标题占位符中输入"PPT母版制作"，副标题占位符中输入"张三的作品"。

点击"视图"选项卡→"母版视图"组→"幻灯片母版"就进入幻灯片母版的编辑模式，单击子母版中的第一张幻灯片即标题幻灯片，对其中两个占位符的字体、字号和文字颜色作适当调整，如图 7-5 所示。

PowerPoint 课件制作与技巧案例研究

图 7-5

退出母版编辑，我们发现在标题幻灯片中的文字属性得到了相应的修改，如图 7-6 所示，这说明我们可以通过母版来改变占位符中内容的属性。

进入母版编辑模式，在子母版中把一些不用的版式删除，在空白版式中来设计。首先将幻灯片背景用纹理填充，画一个矩形填满整个幻灯片，中间抠出一个圆角矩形作为 PPT 编辑中内容显示的区域；在幻灯片左上角插入一个文本框，输入文字，再插入三个四角星形状；在右下角插入一个米老鼠的图片，通过"重命名"将版式命名为"张三的母版 1"，如图 7-7 所示。

关闭母版视图，在幻灯片编辑模式下，点击新建幻灯片，选择刚刚设计的版式，如图 7-8 所示。

在母版编辑时输入的文字、图片、图形等不可以编辑，要想改变它们的属性，只有进入母版视图中才能操作。在母版视图中，可以通过"插入占位符"给文字、图片、图形、媒体插入占位符，目的在于统一文字的字

第七章　PowerPoint 课件中母版使用技术

图 7-6

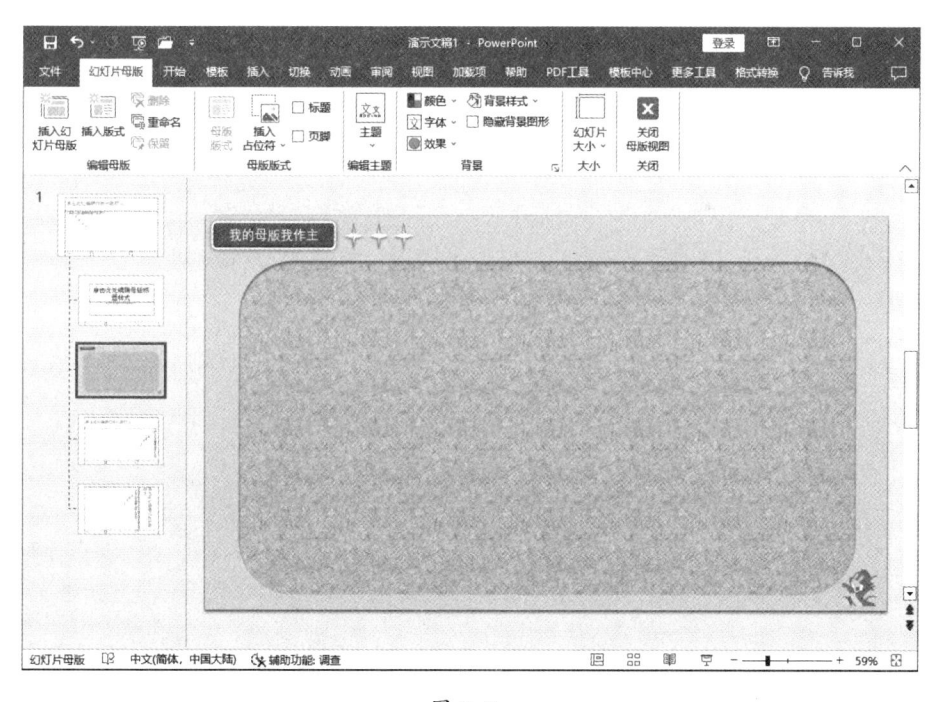

图 7-7

体、大小、颜色及图片、图形、媒体对象的大小和位置，其具体内容要在 PPT 幻灯片编辑状态下插入，对插入对象的属性也可作出修改。

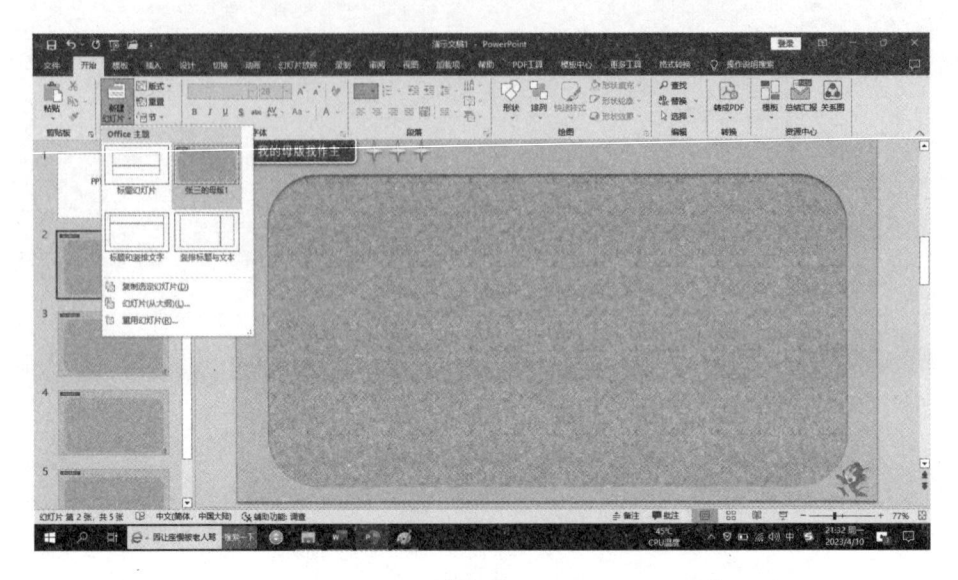

图 7-8

第八章　PowerPoint 课件中动画制作技术

PPT 中动画的作用，使幻灯片在放映时更加生动形象、显得活灵活现，能使幻灯片中的对象有序呈现，或通过使用者控制出现，从而吸引学生，激发学生学习兴趣。

PPT 动画分为幻灯片切换动画和对象动画两大类，切换动画是针对整张幻灯片来设置的，而对象动画是对幻灯片中的各对象来设置的动画。

第一节　幻灯片切换动画的设置和操作

我们知道，一个 PPT 演示文稿是由多张幻灯片组成的，幻灯片的切换动画就是这些幻灯片在放映的过程中的过渡效果，使幻灯片之间的过渡不再生硬，变得更加自然、有动感更美观。

一、幻灯片切换动画的设置

选定一张幻灯片，点切换选项卡，这里最左边有一个"预览"按钮，中间是"切换到些幻灯片"用的效果选项，点击下拉选项可以看到有很多的效果，如图 8-1 所示。分为细微型、华丽型和动态内容三大类。选择一种效果后，可以看到预览效果，点击"预览"按钮可再次观看从上一张幻灯片到这张幻灯片的过渡效果，鼠标在某种效果上悬停，其下方出现相关

PowerPoint 课件制作与技巧案例研究

文字说明，如图 8-2 所示。

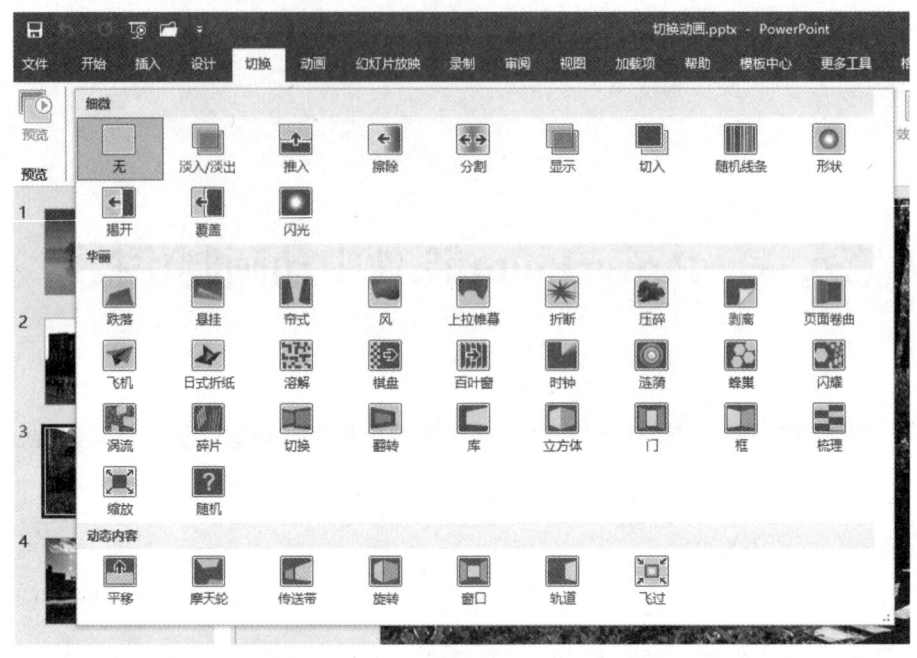

图 8-1

图 8-2

当我们把某张幻灯片添加切换效果后，在左边相关幻灯片的编号下面就会出现一个星号"*"，如图 8-3 所示，用鼠标点击这星号，也可看到预览效果。

在切换选项卡的右边还有一些内容，如效果选项、声音、持续时间、切片方式等。

图 8-3

效果选项：是根据选择的一个切换方式，而出现的不同的相关效果的选项，有的选项多、有的选项少点，有的没有选项，这些选项都是对所选择的切换效果更进一步的修饰作用，如图 8-4 所示。

声音：是对幻灯片的切换过程配上一个声音，主要作用是提醒观众，幻灯片已经切换到下一张，提示引起注意，集中注意力。如图 8-5 所示。

持续时间：就是完成幻灯片的切换过渡所需要的时间，需要快点就设置时间短点；需要慢点就将其时间设置长点。

应用到全部：就是将所设置的切换效果应用到整个演示文稿中所有的幻灯片，使其具有统一的过渡风格。

换片方式：系统默认的是单击鼠标即就是在幻灯片放映的过程中，要通过单击鼠标才能实现幻灯片的切换动作，也可以勾选下方的"设置自动换片时间"，这样在幻灯片的放映过程中，不需要单击鼠标，间隔时间到所设定的时间后，幻灯片自动切换运行。

图 8-4　　　　　　　　　　图 8-5

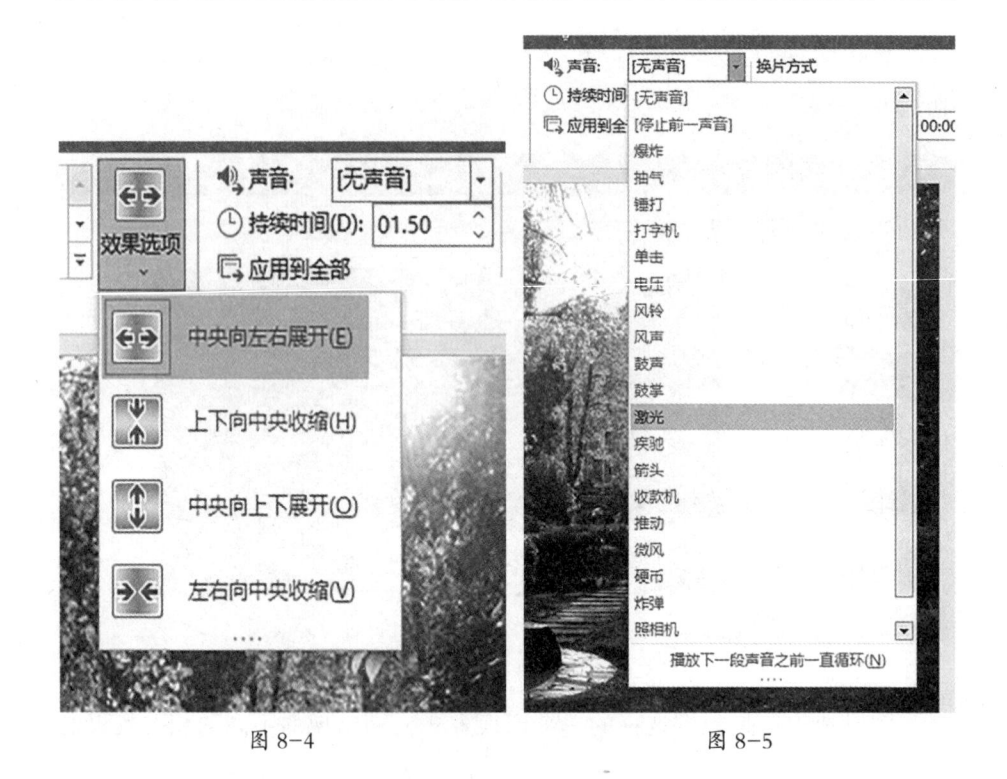

第二节　平滑切换动画的设置与应用

平滑切换效果是 PowerPoint2019 版本新增的切换效果，平滑切换效果应用，一般是两张幻灯片中具有相同的对象，在幻灯片放映过程中相关对象将从第一张幻灯片的情况逐渐变化成第二张幻灯片的状态，这样呈现一个动态变化的效果。

平滑切换动画的设置，通常都是在第一张幻灯片中，编辑好相关对象，复制幻灯片得到第二张幻灯片，在第二张幻灯片中更改相关对象的相应属性，将第二张幻灯片设置为平滑切换即可。对于平滑切换动画多种效果，可以分别使用，也可以多个效果用于同一对象上，下面我们来看看几个平滑切换的动画效果的设置。

第八章　PowerPoint 课件中动画制作技术

一、位置变化及颜色的改变

新建一个 PPT 文档，在第一张幻灯片的左边画一个黑色的矩形，想要这个黑色的矩形从左边移动到右边，且颜色变为红色，要实现这一动画，

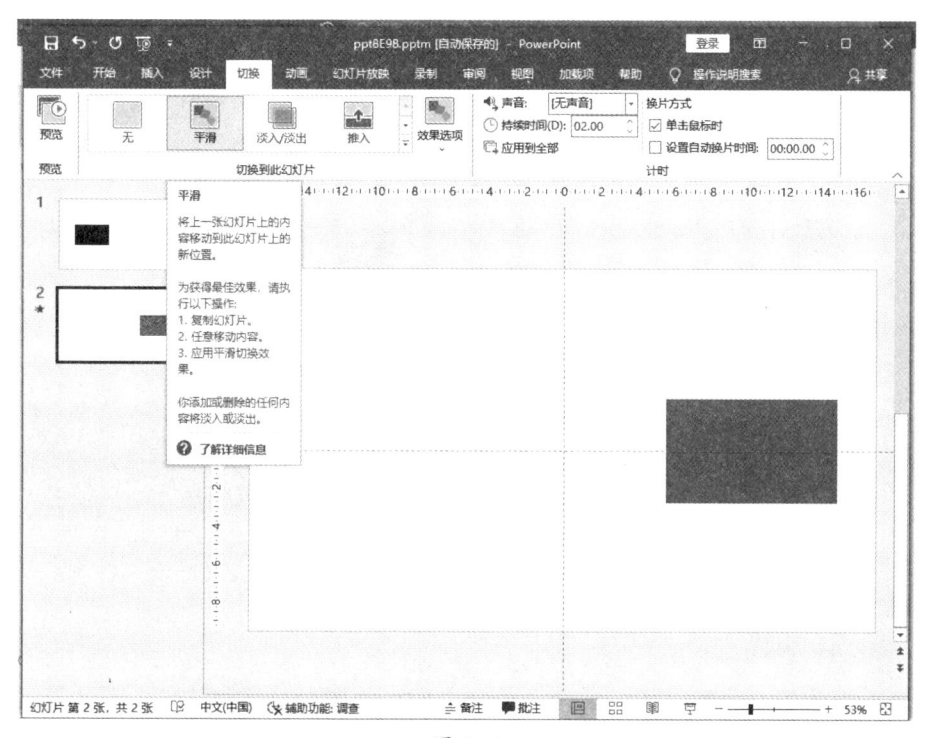

图 8-6

只需要复制这张幻灯片，然后在下边粘贴得到第二张幻灯片，将这里的矩形移动到右边，将填充颜色改为红色，如图 8-6 所示。把这张幻灯片的切换效果设为"平滑"，点击"预览"可以看到动画效果。

二、大小变化

新建第三张幻灯片，在里面插入一个正方形，复制粘贴，得到第四张幻灯片，将正方形大小调小，设置平滑切换效果，如图 8-7 所示，点击"预览"观看动画效果。如果把大的正方形调得很大，小的正方形调得很小，在变化过程中其边缘是模糊的，在这种大小变换的切换效果中我们要尽量避免这种从极小到极大的比较极限的情况。

PowerPoint 课件制作与技巧案例研究

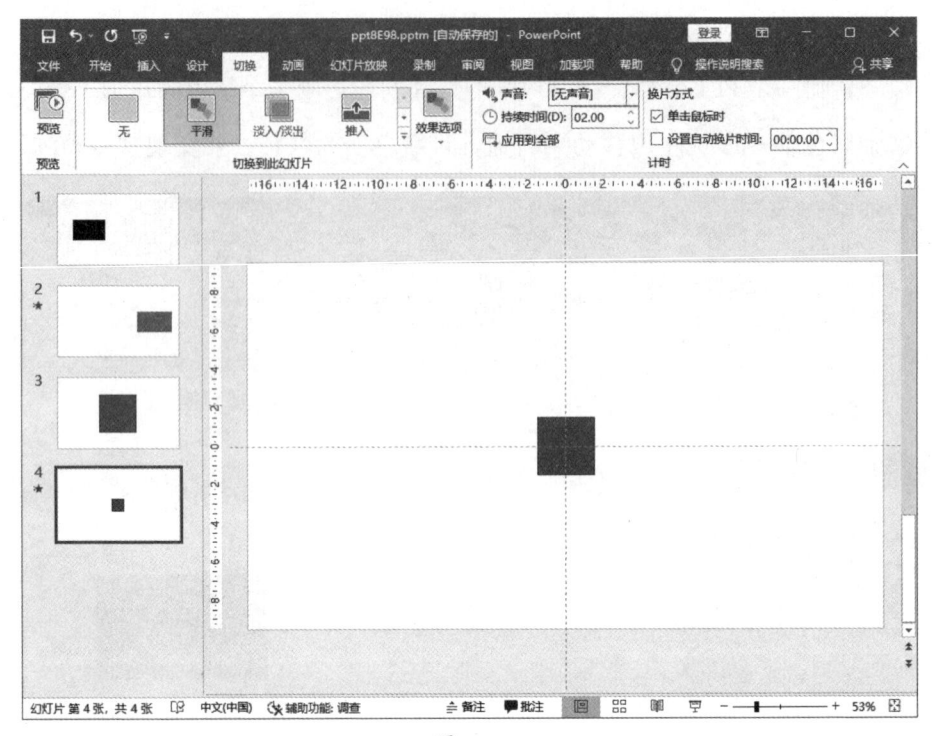

图 8-7

三、旋转

新建第五张幻灯片，插入一个向上的箭头图形，复制粘贴，得到第六张幻灯片，将箭头旋转 180°度，设置平滑切换效果，如图 8-8 所示，点击"预览"观看动画效果。我们可以看到，箭头是按逆时针旋转 180°的，再通过改变箭头的旋转角度为 30°、179°、300°，通过观察，我们发现这种旋转的平滑切换，它不会具体的按照设置的角度来执行，而是按照就近原则来选择顺时针或逆时针方向旋转到达相应位置。

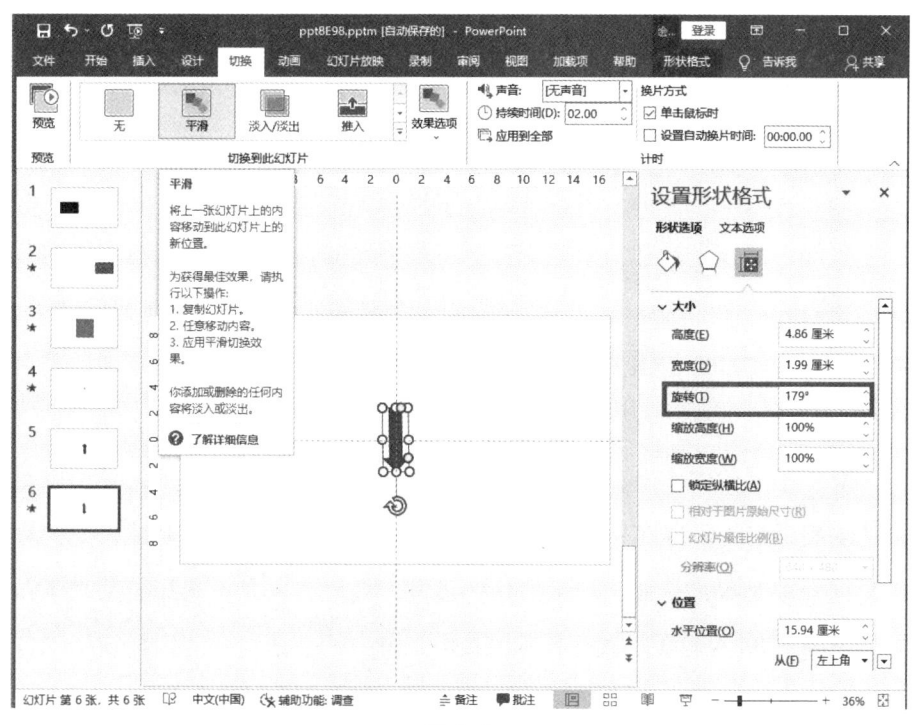

第八章　PowerPoint课件中动画制作技术

图 8-8

四、裁剪

新建第七张幻灯片，插入一张图片，调整图片大小使其铺满整个幻灯片。选取图片，裁剪图片为椭圆形，调整椭圆大小及位置，框住图片左边

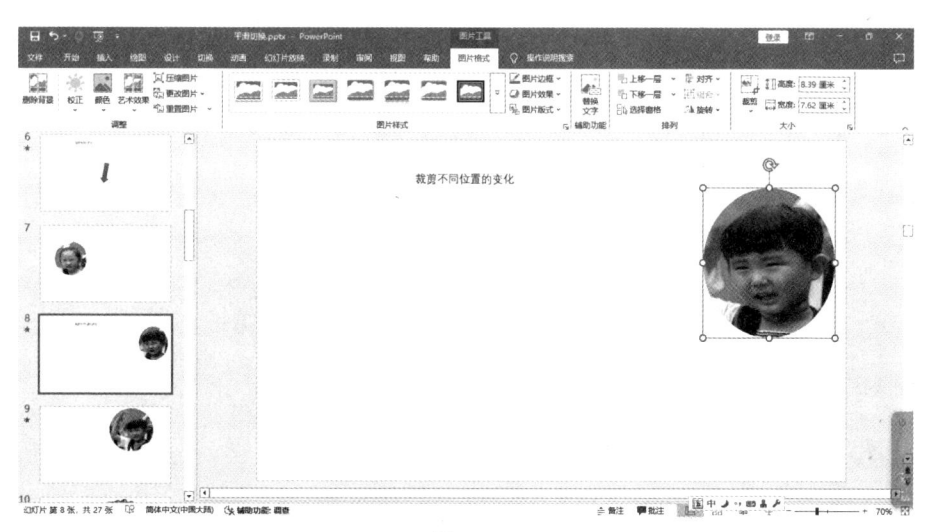

图 8-9

· 111 ·

小女孩头像；复制粘贴，得到第八张幻灯片，调整裁剪椭圆，使其框住图片右边小男孩头像，如图 8-9 所示，设置平滑切换，点击预览观察效果。

五、不同对象的平滑切换效果

前面讲的这些平滑效果都是同一个对象上产生的过渡效果，对于不同的对象能否制作平滑切换效果呢？回答是肯定的，只不过要求将不同的对象用相同的名称，这样把它们定义为同一个对象，这样才变化的过渡效果。新建第九张幻灯片，插入一张公共汽车图片，新建第十张幻灯片，插入一张消防车图片，设置平滑切换后没有公共汽车变为消防车的过渡效果。

对于不同的两个对象，要想其生成平滑切换的效果，必须把它们以相同的名字命名，且在名字前加两个英文感叹号，这样在放映时就把他们看成是同一个对象，从而实现平滑切换过渡，具体方法是：选择公共汽车图片，通过点击"开始"选项卡→"编辑"组→"选择"→"选择窗格"打开选择窗格，这里可以看到公共汽车图片名称为"图片 2"，我们在这名称前加两个英文的感叹号，如图 8-10 所示。同样的方法把下一张幻灯片中的消防车图片名称也命名为"图片 2"并在其前面加两个英文感叹号，点击预览看看效果。

图 8-10

六、文字的平滑切换效果

新建第十一张幻灯片，插入一个文本框，做成文本填空的格式，调整好字体、字号，填空处设置下划线，如图 8-11 所示，复制粘贴得到第十二张幻灯片，将文本框中填空部分文字输入，设置平滑切换，如图 8-12 所示，点击预览看看效果。这样播放时没有平滑的效果，对于文字效果的平滑切换，要在其"效果选项"中选择"字符"，才有平滑切换的效果。

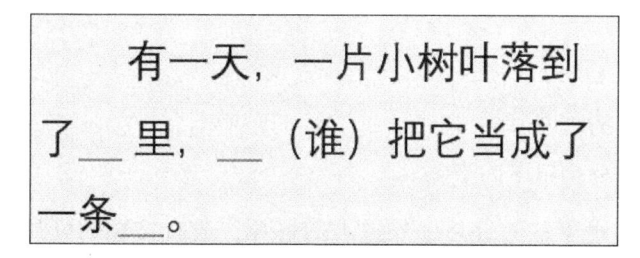

图 8-11

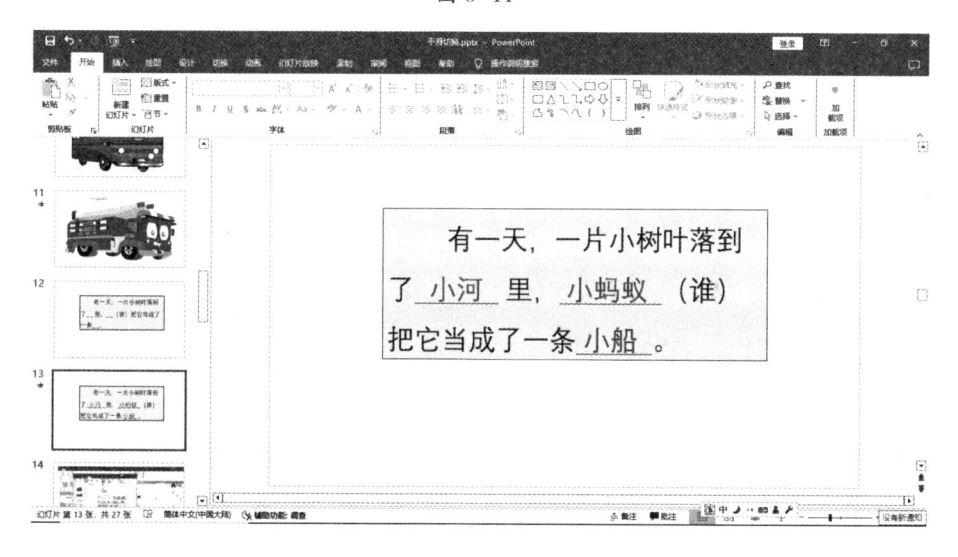

图 8-12

第三节　对象动画的应用

对于幻灯片中的对象，如文本框、图形、图片、艺术字等，在没有添加动画时，它们是随着本张的放映就同时出现的，怎样为这些对象添加动画效果呢？

一、对象动画的分类

对象动画分为以下四类：

进入类：对象从幻灯片之外进入幻灯片，或直接在幻灯片中出现，即对象从无到有的过程。

强调类：对象在幻灯片中进行的一些变化，以作强调，引起注意。如大小变化、旋转移动、颜色变化等等。

退出类：对象从幻灯片里移动到幻灯片之外，或直接在幻灯片中消失，即对象从有到无的过程。

动作路径：对象按照设定的路径移动。

二、对象动画的添加和删除

在幻灯片中，我们选定一个对象后，点击"动画"选项卡，在动画组中展开可以看到对象动画的分类，如图8-13所示，从这可以看到对象动画的分类在这里用不同颜色的图标区分，进入类动画用绿色标、强调类动画用黄色标、退出类动画用红色标、路径动画的绿色圆点表示起点，红色圆点表示终点。下面还有"更多的相关动画效果"点击可弹出所有相关的可用动画效果，可供选择设置，如图8-14所示。

鼠标在相关动画选项上停留则显示该动画效果的文字说明，供我们选择时参考。

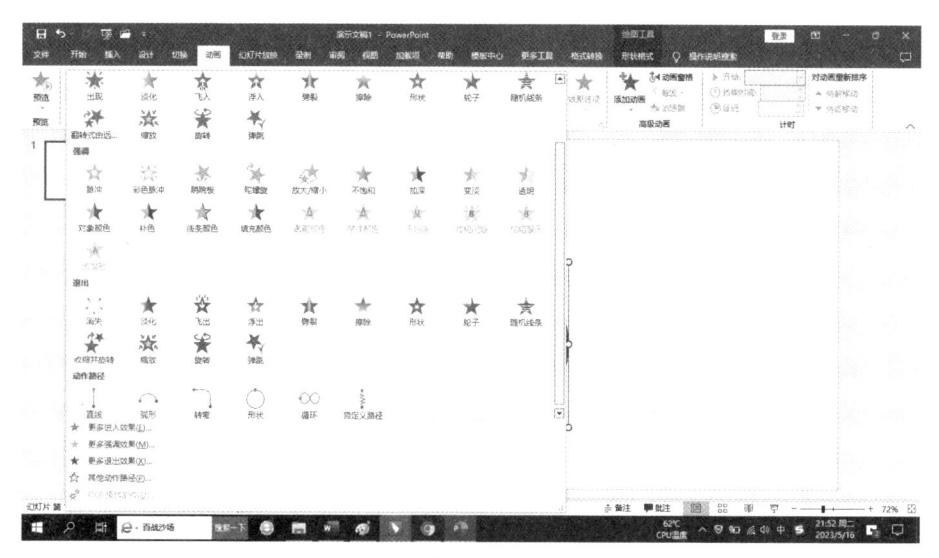

图 8-13

图 8-14

我们选定对象后，可通过这里为其设置一种动画效果，还可通过"效果选项"对所设置的效果调整方向或其他选项，如图 8-15 所示。这样就为所选对象添加了一个动画效果。

动画设置好后，在对象的左上角出现一个编号，同时，通过点击"高级动画"组中的"动画窗格"，幻灯片在右边打开的动画窗格中也能看到我们设置的动画的对象及其编号，如图 8-16 所示，这个编号代表动画执行的时间顺序。

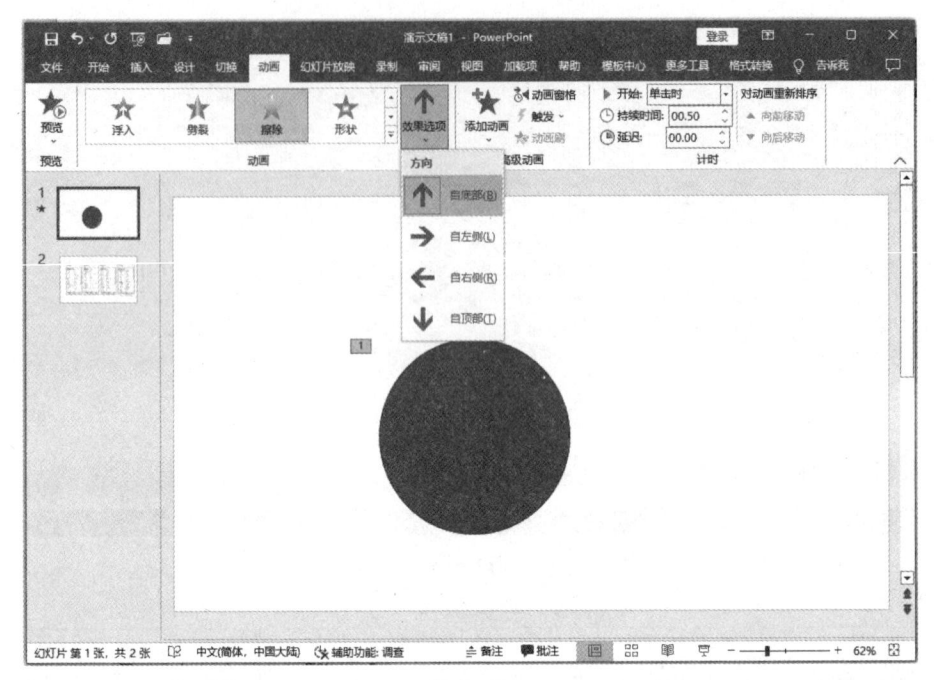

PowerPoint 课件制作与技巧案例研究

图 8-15

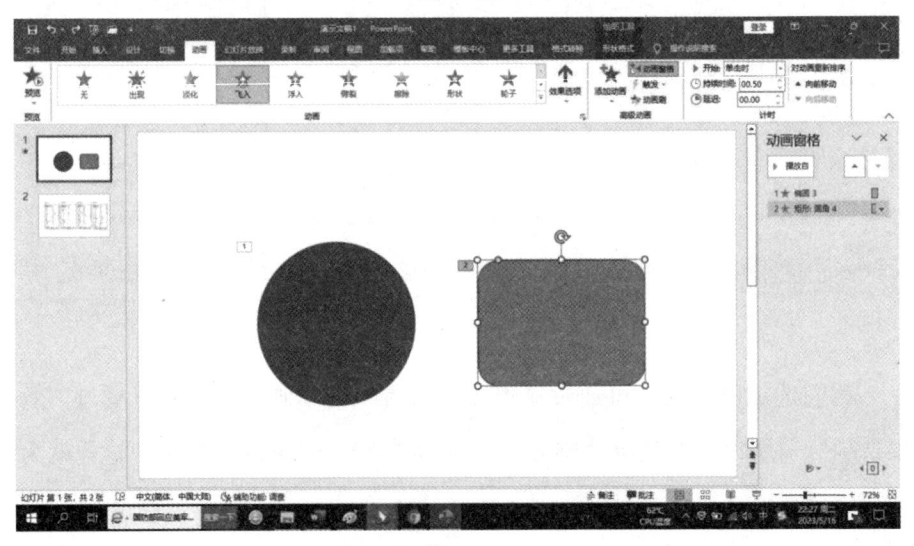

图 8-16

当然，我们也可以通过"高级动画"组中的"添加动画"来为对象添加动画效果，如图 8-17 所示。

从图中可以看出，这里包含了左边动画组中的所有动画效果选项，那

· 116 ·

么它们有什么区别呢？这里"添加动画"可以为一个对象添加多个动画，而左边那里只能为对象添加一个动画效果，在左边为对象添加动画效果将会清除之前为该对象设置的多个动画效果，也可以认为左边只是为对象修改动画效果用的。

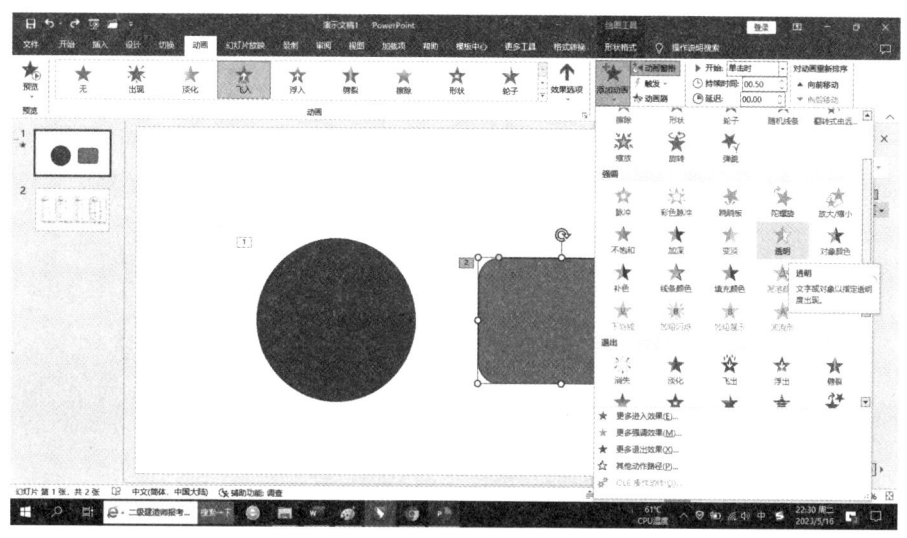

图 8-17

对象动画设置后可以对其进行删除，点选对象左上角的动画编号或在"动画窗格"中选择相关对象后，按 Delete 键则删除所选择的动画效果；选取对象后，点击"动画"组上边动画效果选项最前边的"无"，则删除所选对象的所有动画效果。

三、对象动画的排序与计时

我们对一张幻灯片中的多个对象都设置动画后，哪个动画先运行？同一个对象添加了多个动画，哪个先运行呢？这就涉及动画的排序问题；对于一个动画运行的时长就是动画的计时问题。

（一）动画顺序的更改

一般情况下，动画的执行顺序是按动画添加的顺序自动生成的，如图 8-18 中右侧的编号。

这里动画的顺序是可以更改的，点击动画编号，或者在动画窗格中选定需要更改顺序的动画，可通过点击"动画"选项卡中"计时"组里的"向上移动""向下移动"或"动画窗格"中的"▲ ▼"按钮来调整其执行顺序，同时我们可以看到动画的编号在发生变化，如图 8-19 所示。我们也可以在动画窗格中用鼠标拖动动画到相应位置来实现动画执行顺序的改变。

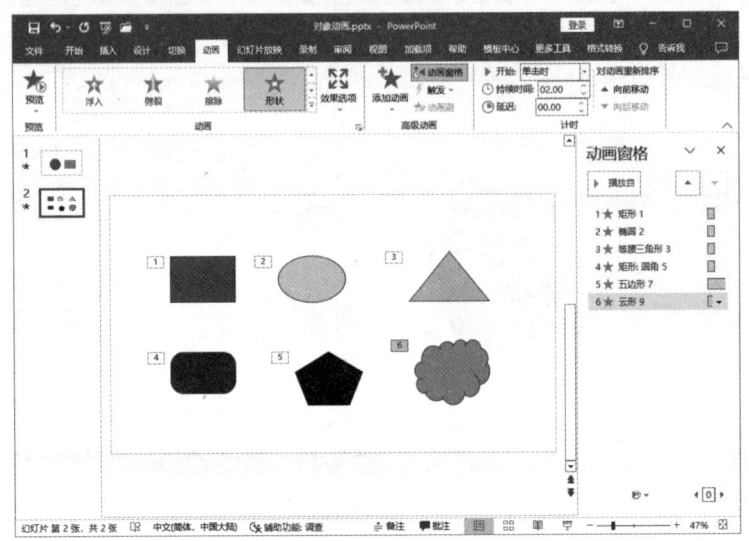

图 8-18

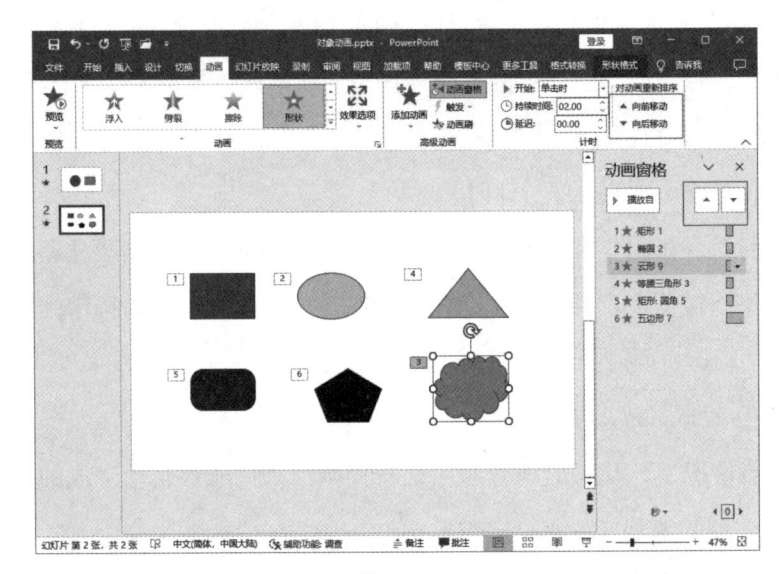

图 8-19

第八章　PowerPoint 课件中动画制作技术

在改变动画执行顺序时，一定要注意合理性，比如同一对象的多个动画，应该先出现再强调等等。

对于动画开始的设置有以下三种情况：如图 8-20 所示。

单击时：当幻灯片放映到此处时，需要单击鼠标才执行此动画。

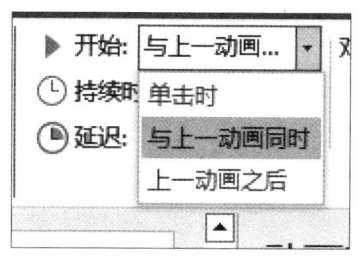

图 8-20

与上一动画同时：当上一动画运行时同时运行该动画，与上一动画共用一个编号；即是指与上一动画同步，用于动画效果的叠加，可实现两个或多个动画同步开始运行。

上一动画之后：在上一动画运行结束时运行该动画，与上一动画共用一个编号。

也可以通过在动画窗格中选择相应动画后右击，在弹出的快捷菜单中对其进行设置，如图 8-21 所示。

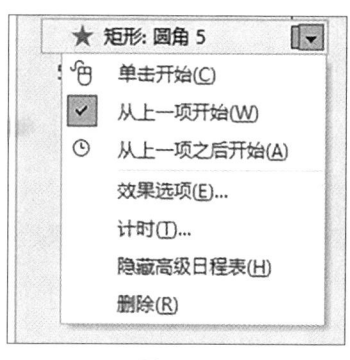

图 8-21

（二）动画计时设置

持续时间：即完成该动画所需要的总时长，时间超长，动作超慢。

延迟：运行动画时延迟多少时间才运行。

计时设置，也可以右击快捷菜单中的"计时"按钮打开相应对话框来进行设置，如图 8-22 所示。

图 8-22

· 119 ·

（三）高级日程表的应用

选定动画后右键弹出的快捷菜单中有一基"显示（或隐藏）高级日程表"，显示后，在动画窗格中动画的右侧则显示出动画的时间轴，这就是高级日程表，如图 8-23 所示。

这时的带颜色的矩形长度表示动画的持续时间，我们可以应用鼠标拖动矩形的右边线来改变矩形长度，从而改变动画的持续时间；拖动矩形的位置，来改变动画的延迟时间。

点击下边"秒"字右下角的倒三角，可对时间轴进行放大或缩小。

图 8-23

四、对象动画的效果选项设置和增强

前面我们讲到，一个对象设置好其动画后，可以在"动画"选项卡的"动画"组中的"效果选项"里设置动画的方向、形状等等，并且，不同的动画所包含的效果选项是不同的，比如，在飞入动画中还有平滑开始、平滑结束、弹跳结束、自动翻转等设置项，在动画窗格双击路径动画，弹出设置对话框，如图 8-24 所示。

（一）效果选项设置

为了便于理解，我们用一个小球从左边移动到右边的路径动画来对相关选项进行说明。

1. 平滑开始

小球从静止到运动的一个加快过程所需要的时间，就像汽车启动一样，使动画更加自然。

2. 平滑结束

小球从运动到静止的一个减速过程所需要的时间，就像汽车慢慢停下来一样，使动画更加自然。

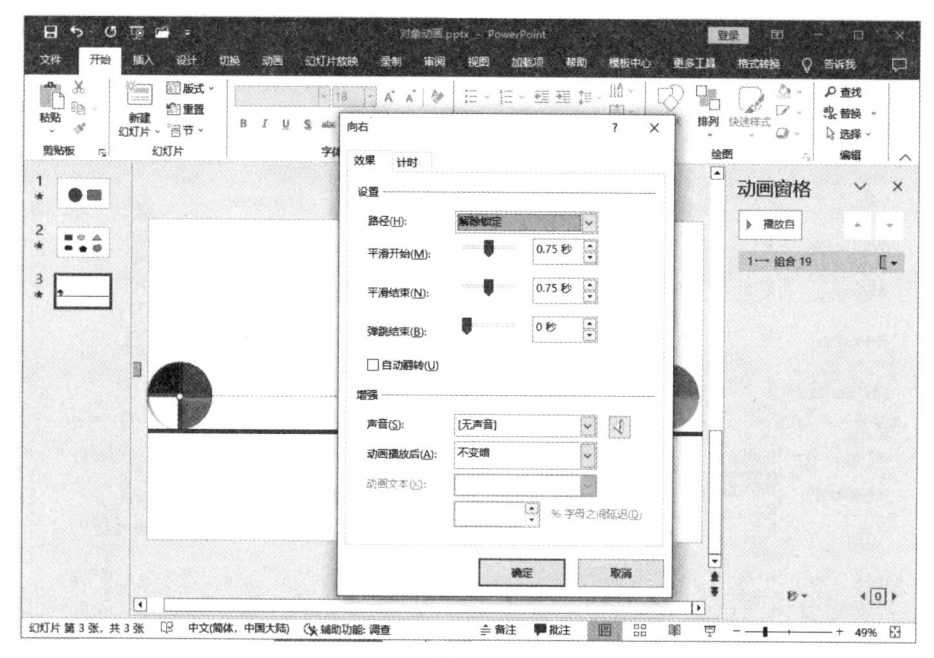

第八章　PowerPoint课件中动画制作技术

图 8-24

3. 弹跳结束

就好比小球在运动过程中突然碰到墙上，弹回来一样，设置时间后，平滑结束自动为 0，这两个结束设置不能同时设置。

4. 自动翻转

即在设置的动画中自动增加一个返回的动画。

（二）增强设置

我们再给小球添加一个陀螺旋动画，同样勾选"自动翻转"，设置"与上一动画同时"，并相同的持续时间，在"计时"选项卡中的"重复"设置为"直到下一次弹出"，放映看看效果。

在下面的"增强"部分还有三个选项：

1. 声音

即为动画配上声音效果，系统本身有一些声音供选择，也可以加载其他声音，如图 8-25 所示。

2. 动画播放后

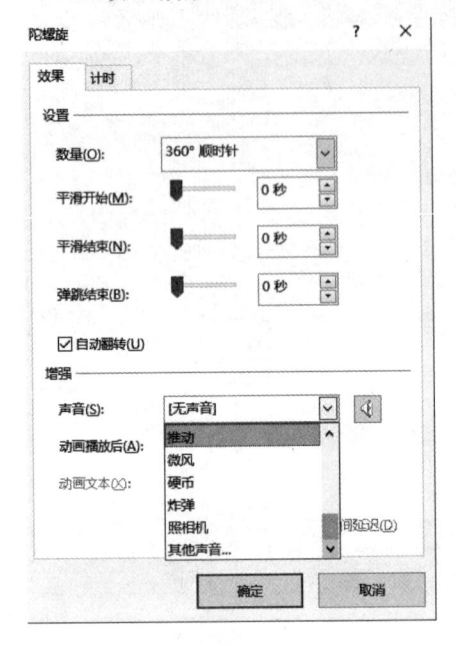

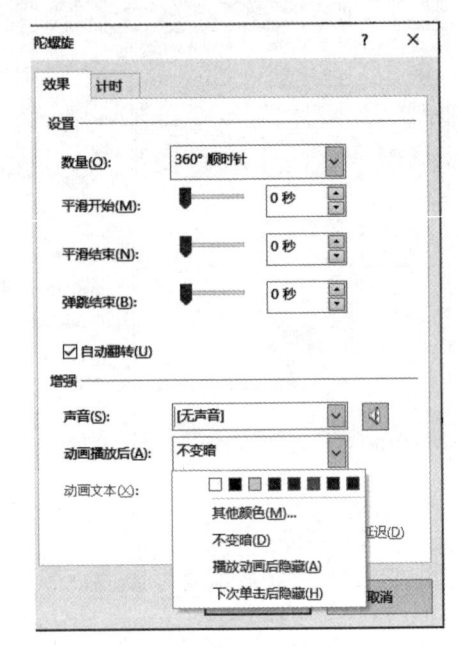

图 8-25

图 8-26

这里为对象动画播放后设置选项有不变暗、变为其他颜色、播放后隐藏、下次单击隐藏四个选项，如图 8-26 所示。

3. 动画文本

这是对文本框内的文字动画的设置，有一次显示全部、按词顺序、按字母顺序三个可选，字母之间延迟可调整速度，如图 8-27 所示。

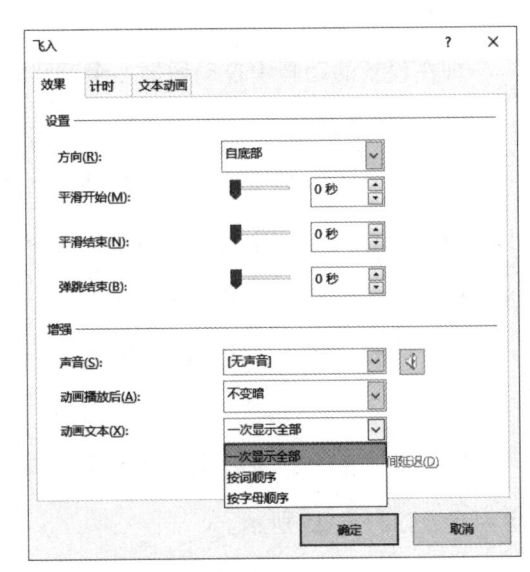

图 8-27

第四节 触发器与动画刷的使用

一、触发器

单击一个对象或使用音频、视频中的书签，以运行某个对象的动画。其作用等同于一个按钮，就是设置动画运行的特殊条件，即通过点击按钮控制幻灯片中已设定动画的执行。

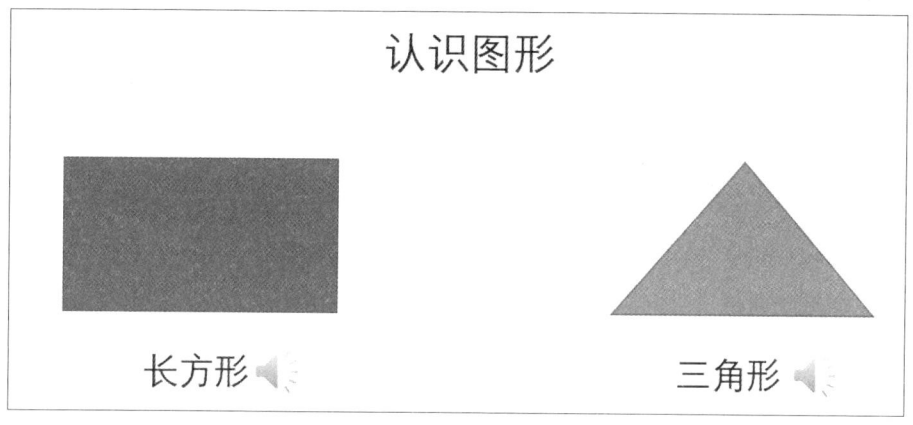

图 8-28

下面我们通过做一个"认识图形"的实例来讲解触发器的设置，如图 8-28 所示。先出现长方形和三角形两个图形，让观众认认这是什么图形，当用鼠标点击长方形或三角形时出现相应的文字和语音。

先给"长方形"和"三角形"两个文本框添加一个进入动画，由于在这之前我们已插入了两个语音文件，所以这里的动画编号就成了 3 和 4；在动画窗格中选取"文本框 4：长方形"文本框动画，点击"动画"选项卡中"高级动画"组中的"触发"→"通过单击"在弹出的选项列表中选择"矩形 1"，如图 8-29 所示。这样就设置了"矩形 1"这个图形作为"长方形"这个文本框进入动画的触发器，这时我们看到"长方形"文本框左上角的动画编号没了，变成了一个闪电符号。

PowerPoint 课件制作与技巧案例研究

图 8-29

也可以通过"计时"选项卡来设置触发器，在动画窗格中双击"文本框 5：三角形"文本框动画，打开效果选项，点击"计时"选项卡，点击"触发器"，选择"单击下列对象时启动动画效果"，在这里选取"等腰三角形 2"，如图 8-30 所示。这样就设置了"等腰三角形 2"这个图形作为"三角形"这个文本框进入动画的触发器。在动画窗格中，再把两个语音动画拖到相应文本框出现动画的下面，并将开始设置为与上一动画同时。

幻灯片放映看看效果，当鼠标指针移到触发器"长方形"或"三角形"图形上时，指针变为手型，单击

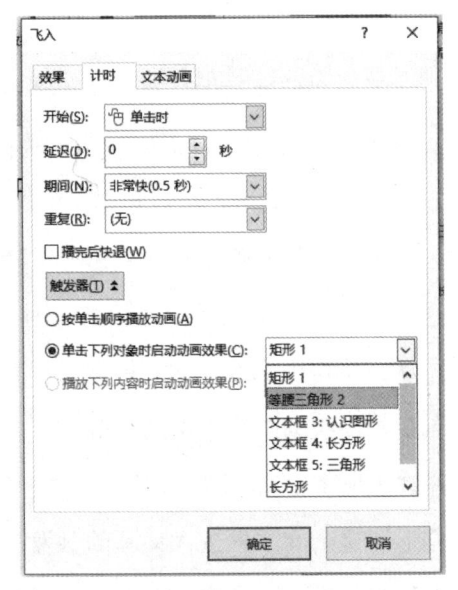

图 8-30

· 124 ·

后，相应的文本框出现，并配有语音。触发器在幻灯片放映时没有固定的先后顺序，用鼠标先点击哪个都行，并且可多次点击运行相应动画。

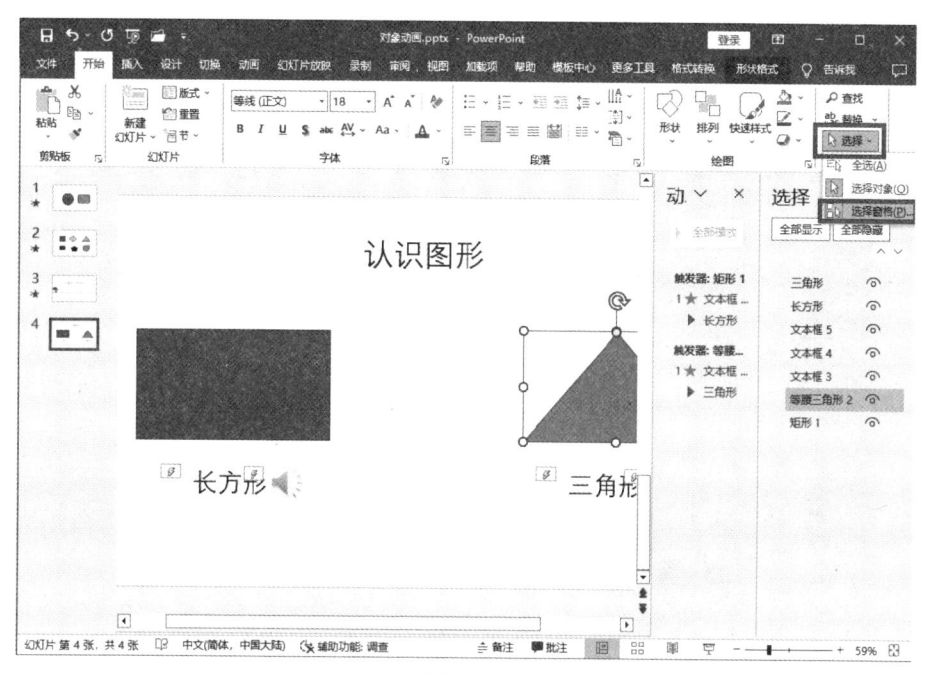

图 8-31

值得注意的是：当幻灯片中对象太多时，在设定触发器时往往难找到对象，我们可以通过"开始"选项卡中"选择"→"选择窗格"，打开"选择窗格"，如图 8-31 所示。选定一个对象后，在选择窗格中相应的对象也呈选中状态，这样就能找到你要找对象的名称，为了便于记忆，在选择窗格中还可以给对象重命名，还可以通过点击关闭后边的眼睛图标让对象在幻灯片中不出现。

二、动画刷

动画刷的功能和使用方法与前面的格式刷一样，它的作用是对不同对象，快速设置相同的动画效果，即把一个对象的动画，复制到另一个或多个对象上，单击可刷一个对象，双击锁定动画刷后可刷多个对象。

如图 8-32 所示，我们想把幻灯片中的所有气球都设置向上的自由路径

PowerPoint 课件制作与技巧案例研究

动画,只需设置好一个气球的动画后,双击"动画刷",然后点击其他气球,所有气球就设置好了向上的自由路径动画,再通过"编辑顶点"修改一下它们的路径,高速起点和终点及延迟时间,将得到丰富的动画效果,如图 8-33 所示。

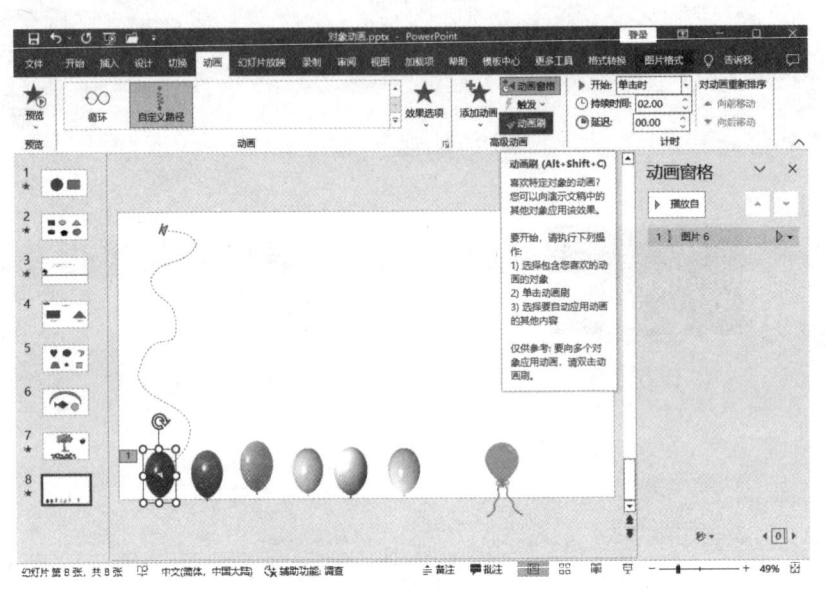

图 8-32

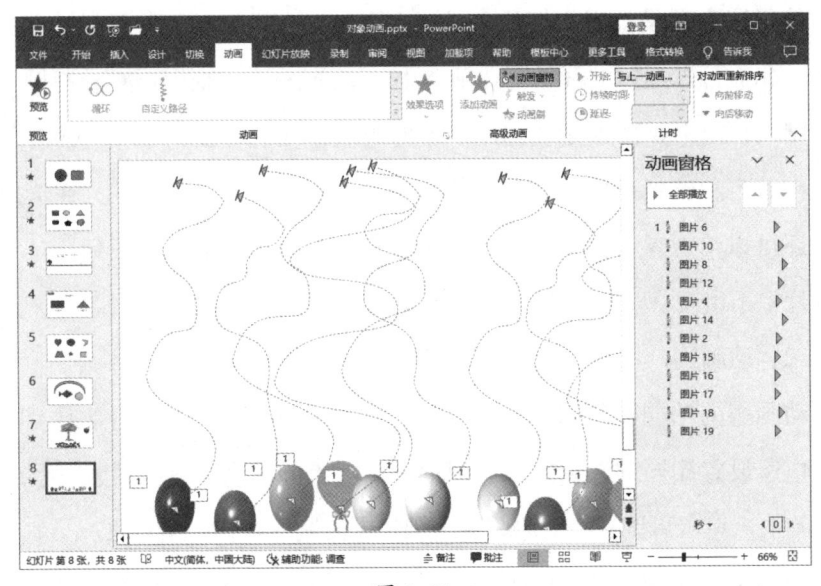

图 8-33

第九章　PowerPoint 课件中交互设计技术

对于课件中的交互功能，是在一张幻灯片中，对于一些对象通过设置触发器来实现交互。在这里我们要学习文件之间，或在同一演示文档中不同的幻灯片之间实现交互的过程。

在幻灯片的放映过程中，一般情况是从当前页开始或者从头开始，按顺序一张一张地播放的，但在幻灯片的应用过程中，我们往往需要通过幻灯片的跳转来改变幻灯片的播放顺序，实现交互式的放映，从而更好地组织、使用幻灯片，这就要通过超链接、动作或绽放定位来实现这一功能。

第一节　超链接的作用和基本操作

超链接的作用就是在幻灯片的放映过程中，通过鼠标单击某个对象（文字、图片、图形等）快速跳转到各种目标（文件、网址、幻灯片等）。

一、超链接到一个文件

选定文本框，点击"插入"→"链接"，在弹出的对话框中左边选择"链接到文件或见页，在"查找范围"中找到要链接的文件，点击"确定"，如图 9-1 所示。

PowerPoint 课件制作与技巧案例研究

图 9-1

幻灯片放映时点击文本框就直接打开"教程说明"这个 Word 文件。

这是对整个文本框设置超链接，也可以选定文本框中的部分文字设定，如果光标在文本框中，则是对光标后面的一个词设定超链接。

二、超链接到网页

图 9-2

这里我们选定文本框，右击鼠标，在弹出的快捷菜单中点选"超链接"，在弹出的对话框中左边选择"链接到文件或网页"，在"地址（E）"中直接输入需要进入的网址，然后点击"确定"，如图9-2所示。

按住 Ctrl 键，鼠标点击文本框，或者在幻灯片放映中点击文本框则打开相应网页。

三、超链接到本文档中的位置

当我们在弹出的对话框中选择"链接到本文档中的位置"时，右边框中有几个选项可选择，如图9-3所示。

第一张幻灯片：返回到第一张幻灯片。

最后一张幻灯片：跳转到最后一张幻灯片。

下一张幻灯片：跳转到当前幻灯片的下一张幻灯片。

上一张幻灯片：跳转到当前幻灯片的上一张幻灯片。

幻灯片标题：通过标题来选取跳转到哪一张幻灯片，这个主要用在目录幻灯片中，在每个目录下的最后一张幻灯片中，往往还需要有返回到目

图 9-3

录页的超链接。

例如：我们把 PPT 教学这个演示文稿文件的目录页设置超链接。

在这个 PPT 文件中，目录页是第 2 页，共分六个知识点，各是一个文本框，如图 9-4 所示。

图 9-4

为了教学使用的方便，我们将目录中的标题做一个超链接，在放映时通过鼠标点击某标题则跳转到相应的幻灯片中，这里以"四、动画设置"为例来讲超链接的设置方法。

先选定"四、动画设置"这个文本框，点击"插入"→"链接"，在弹出的插入超链接对话框中选择"本文档中的位置"，选择第 20 张幻灯片，右边有选择的幻灯片预览，点击"确定"即可，如图 9-5 所示。

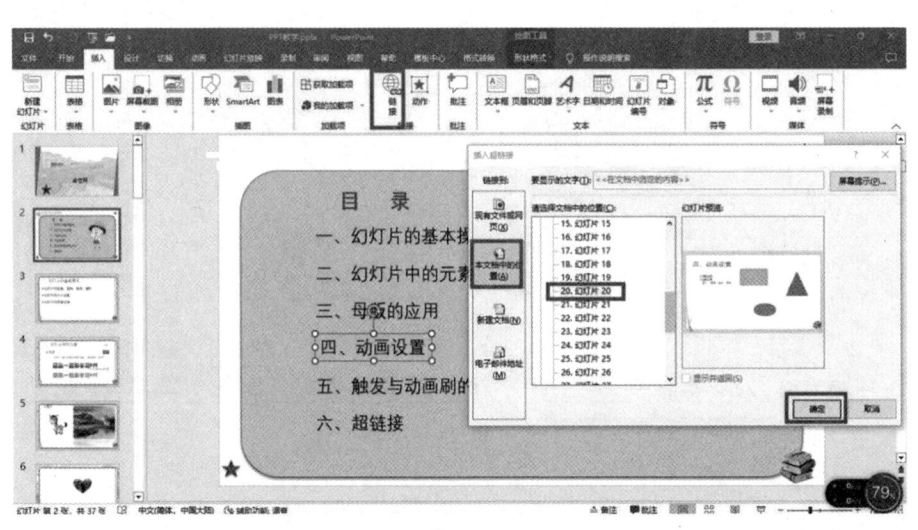

图 9-5

第九章　PowerPoint 课件中交互设计技术

在第 24 页的幻灯片是动画设置的最后一张，在这里要设置一个跳转到目录页的超链接，我们在这张幻灯片的右上角画一个圆角矩形，输入"返回"文字，给它设置超链接到第 2 页幻灯片，如图 9-6 所示。

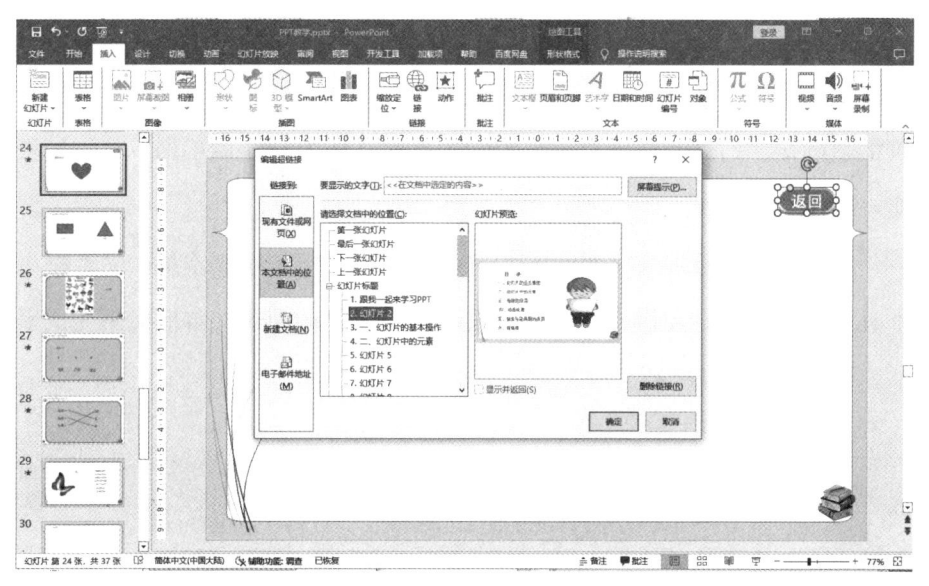

图 9-6

用于设置超链接的对象可以是文字、图形、图上等等，对于文字设置超链接时会出现三种情况，如图 9-7 所示。

图 9-7

图中第一个标题中只有"基本"这两个字变色且带下划线，这时单击该文本框后，光标在基字前面闪烁时点击插入设置超链接的，这种方式相当于是对光标后的词语设置超链接，幻灯片放映时只有光标移动到这两个文字上才变成手形，单击鼠标才实现跳转。

图中第二个标题中所有文字变色且带下划线，这是选定这些文字后设置的超链接，幻灯片放映时光标移动到这些文字上就变成手形，单击鼠标实现跳转。

图中后面的标题文字没有发生变化，这是选定是个文本框，文本框中不见光标时设置的超链接，幻灯片放映时光标移动到这文本框上就变成手形，单击鼠标实现跳转。

第二节　使用动作创建超链接、动作按钮的插入

一、使用动作创建超链接

对于超链接的设置，可以通过"插入"→"链接"来实现，还可以用"插入"→"动作"来设置，而且用动作来设置超链接，其功能更多，不但提供单击鼠标来执行操作，还可设置鼠标悬停时执行操作，并且还可以设置声音，动作类型有超链接、运行程序、运行宏、对象动作。

使用动作创建超链接与插入超链接的方法大致相同，选定对象后点击"插入"→"动作"，在弹出的对话框中有"单击鼠标""鼠标悬停"两个选项卡，如图9-8所示。

这两个选项卡里面的内容是完全相同的，不同的是在操作时要不要点击鼠标实现幻灯片的跳转。

在这选项卡中，默认的是"无动作"，当我们选择"超链接到"，下面的选项框就被激活了，点击下拉选项打开多个选项，如图9-9所示。

第九章　PowerPoint 课件中交互设计技术

图 9-8

图 9-9

二、动作按钮

在"插入"→"形状"对话框的最下面有"动作按钮",它们是配合动作来创建超链接的,如图 9-10 所示。

· 133 ·

PowerPoint 课件制作与技巧案例研究

图 9-10

这里的动作按钮和上面其他形状不一样，我们在幻灯片中插入运用按钮后，就弹出前面插入动作时的"操作设置"对话框，并且自动设置超链接到某个位置，如图 9-11 所示。

图 9-11

第九章　PowerPoint 课件中交互设计技术

在动作按钮中，每个按钮都自动设置好了相应的超链接，我们只需在幻灯片中插入按钮即可应用，不需要再设置超链接。

当我们在幻灯片中插入"动作按钮：声音"时，弹出的"动作设置"对话框中虽然是"无动作"，但在下面的"播放声音"中默认选择了"鼓掌"，如图9-12所示，当放映幻灯片时鼠标点击该动作按钮时出现鼓掌声音。动作按钮的每个对象都已经对应好了动作里面的一些选项，当然"播放声音"也可以在前面讲的动作中设置，并且所有这些超链接都可以设置成鼠标悬停时执行相应动作。

图 9-12

第三节　缩放定位的应用

在 PowerPoint2019 版本中，我们发现在插入选项卡的链接组中还有一项，即"缩放定位"，如图9-13所示。通过缩放定位，我们能够以非线性的方式创造性地演示幻灯片内容。缩放定位属于链接，由于具有缩放的动画效果，从而比链接更加灵活、有动感，且具有链接定位的指向功能。

PowerPoint 课件制作与技巧案例研究

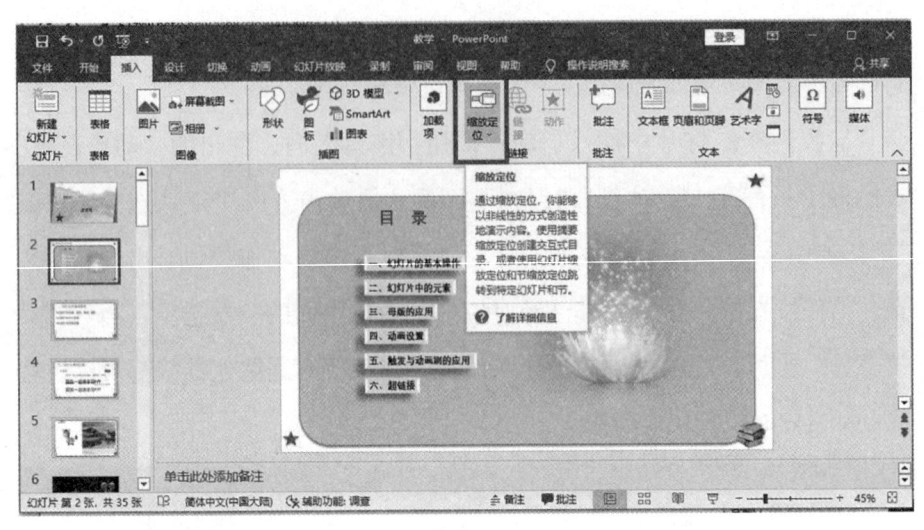

图 9-13

一、缩放定位的分类

（一）缩放定位的分类

摘要缩放定位、节缩放定位、幻灯片缩放定位，如图 9-14 所示。使用摘要缩放定位可以创建交互式目录，使用节缩放定位或幻灯片缩放定位可以跳转到特定的节或幻灯片。从图中看出，这时节缩放定位是灰色的，只有先将幻灯片分解后此项功能才可用，下面主要以摘要缩放定位来讲解其

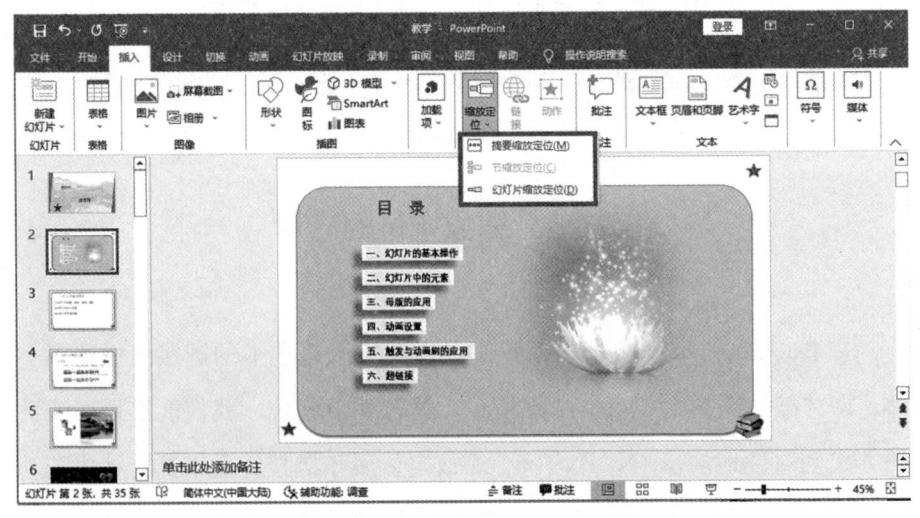

图 9-14

· 136 ·

第九章 PowerPoint 课件中交互设计技术

功能的使用。

（二）摘要缩放定位

摘要即相当于大纲、节标题，能较好把握 PPT 文档框架，此功能可为演示文稿快速创建幻灯片分节，选择每个节的首张幻灯片，创建摘要缩放定位幻灯片，放映时，可选择任意节以快速移动到某节，当该节的所有幻灯片播放完后自动返回到摘要缩放定位幻灯片。

二、缩放定位的具体案例操作

以前面做目录超链接的教学 PPT 文件为例来讲解具体操作方法，由于这 PPT 文件中不是每张幻灯片都有标题，首先要找到目录中每个标题的第一张幻灯片，分别是第 3 张、第 4 张、第 18 张、第 20 张、第 25 张和第 34 张。

（一）选定第 2 张幻灯片；

（二）点击"插入"→"链接"→"缩放定位"→"摘要缩放定位"，弹出"插入摘要缩放定位"对话框，如图 9-15 所示；

图 9-15

（三）在"插入摘要缩放定位"对话框中勾选第 3 张、第 4 张、第 18 张、第 20 张、第 25 张和第 34 张幻灯片；

PowerPoint 课件制作与技巧案例研究

（四）点击"插入"按钮。

完成后，在目录幻灯片下自动创建了一张幻灯片作为"摘要缩放定位"幻灯片，如图 9-16 所示，有 6 张幻灯片的缩略图。从 PPT 的大纲窗格可看出，该 PPT 已自动分节，播放摘要缩放定位幻灯片时，鼠标移到 6 个缩略图时都会变成手形，单出鼠标则以放大的方式跳转到该节的第一张幻灯片，当该所有幻灯片播放完后自动回到"摘要缩放定位"幻灯片。

图 9-16

用这方法创建目录页，不需要设置返回按钮，每节的幻灯片播放完后就自动返回到目录页。

三、更改图像的案例操作

有的人认为这种方法制作的目录，没有前面讲的通过超链接做的目录页传统、直观，我们也可以通过"更改图像"做成传统的目录面效果。

（一）在传统目录页中选定"一"文本框，右击鼠标，在弹出的快捷菜单中选定"另存为图片"，如图 9-17 所示，保存名为"目录一图片"。

（二）在"摘要缩放定位"幻灯片，选定目录一的幻灯片缩略图，点击"缩放"选项卡中"更改图像"在弹出的对话框中选择"来自文件"，找到刚才保存的图像文件，点击"插入"，如图 9-18 所示。

· 138 ·

第九章　PowerPoint课件中交互设计技术

图 9-17

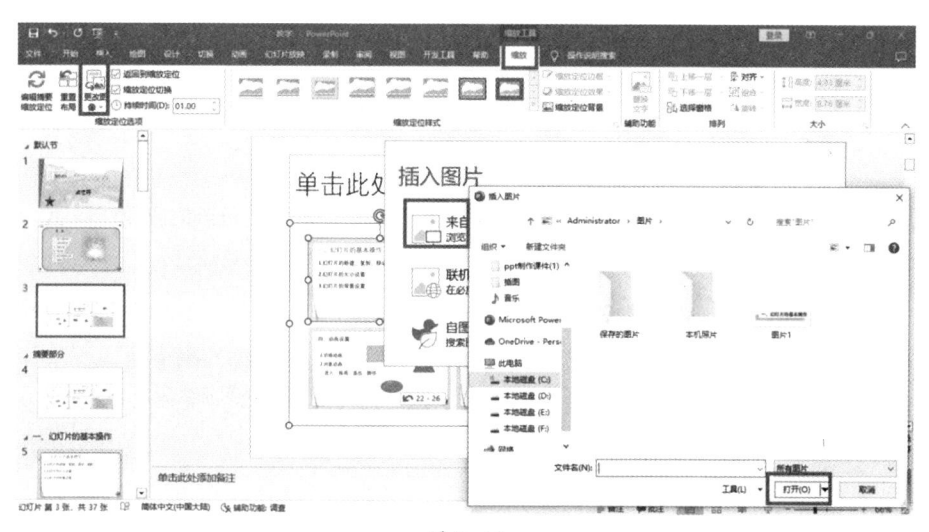

图 9-18

（三）这样目录一的幻灯片缩略图就变成了图像，如图 9-19 所示。

（四）同样的方法把后面的几个缩略图都更改成传统目录的图片，结果如图 9-20 所示。

最后还可以拖动各图像，调整其位置、大小，使整体变得更加美观。

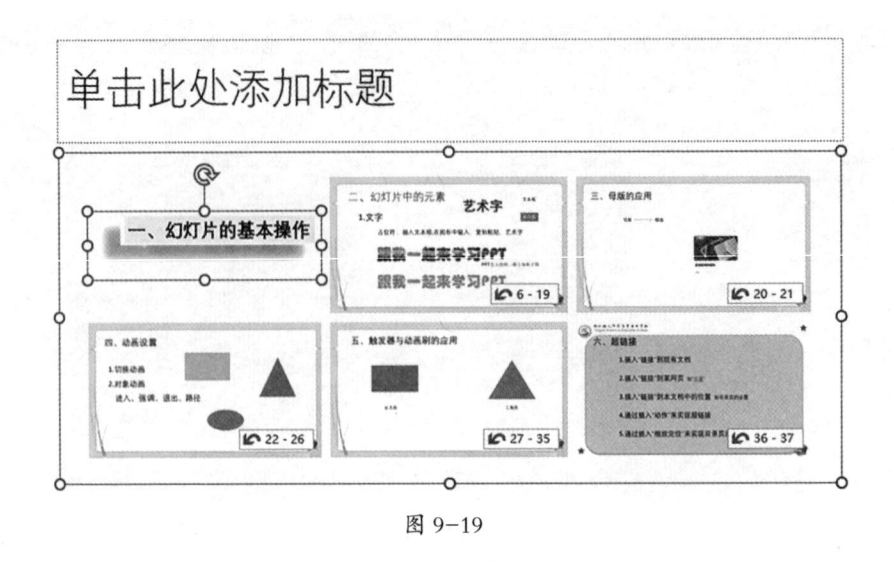

PowerPoint 课件制作与技巧案例研究

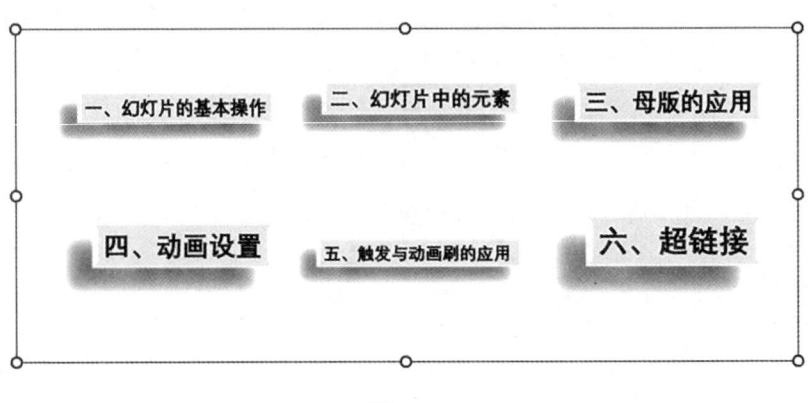

图 9-19

图 9-20

第十章 PowerPoint 制作教学课件的技巧案例

案例 1 用图片制作动态的 PPT 封面

一、设计思路

在一些高端的 PPT 封面中，镂空的图形下面有图片的动画效果，除了用视频来实现外，可以为图片添加一个动画效果来实现，比如图片作路径移动动画，或者图片放大缩小动画。

二、设计步骤

（一）在幻灯片中，插入一个圆角矩形，如图 10-1 所示。

图 10-1

（二）通过圆角矩形的黄色角标调整圆角的弧度，调整圆角矩形的大小，并将其形状轮廓设为无。

（三）复制多个圆角矩形，并调整各自位置和大小，如图10-2所示。

图 10-2

（四）选中所有圆角矩形，在合并形状中选择结合，把多个圆角矩形结合成一个图形，如图10-3所示。

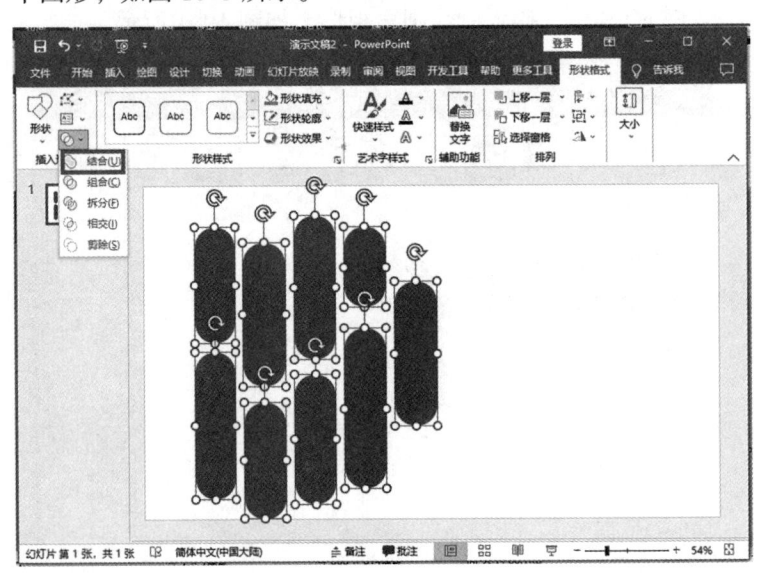

图 10-3

（五）插入一个矩形，大小同幻灯片一样大，无轮廓，渐变填充，如图 10-4 所示。

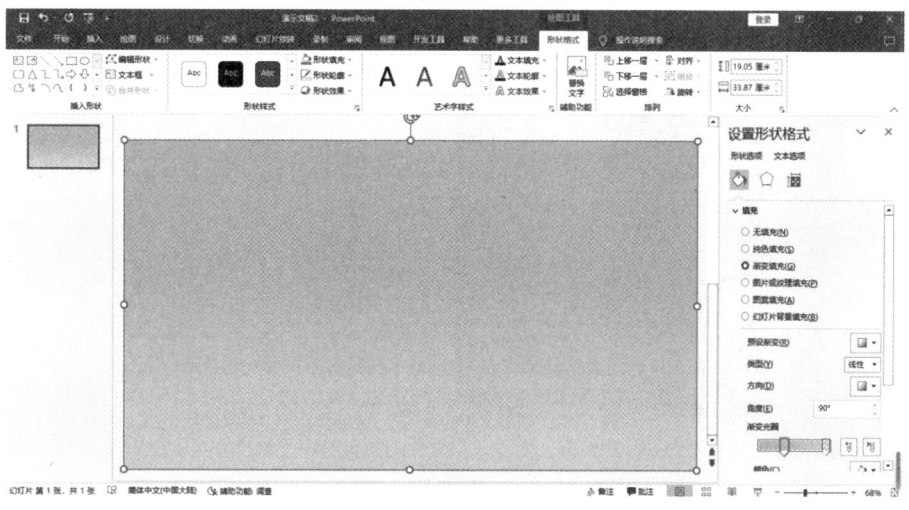

图 10-4

（六）先选定矩形，下移一层，再选定结合的图形，在合并形状中选择剪除，如图 10-5 所示。

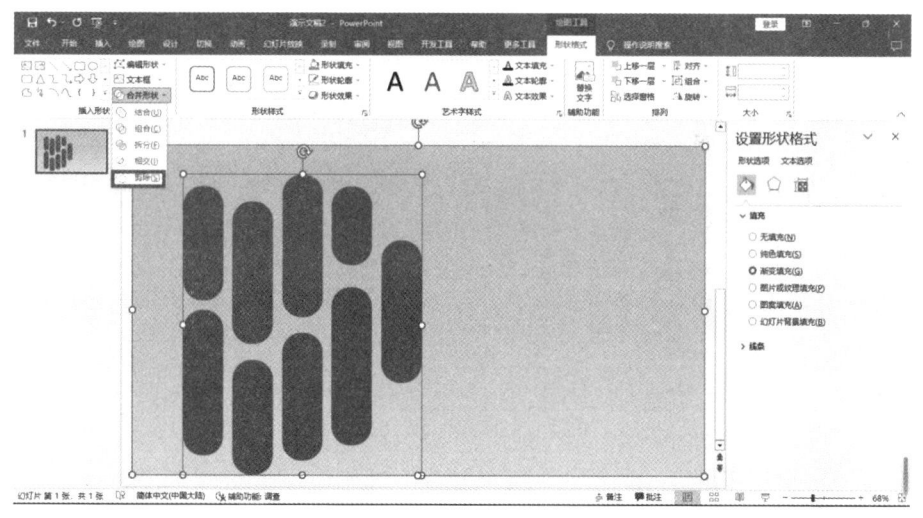

图 10-5

（七）插入一张图片，调整其大小，并为其添加放大缩小动画，尺寸设为 120%，勾选自动翻转，开始设为与上一动画同时，持续时间为 3 秒，重复为直到下次人单击，如图 10-6 所示，然后把图片下移一层。

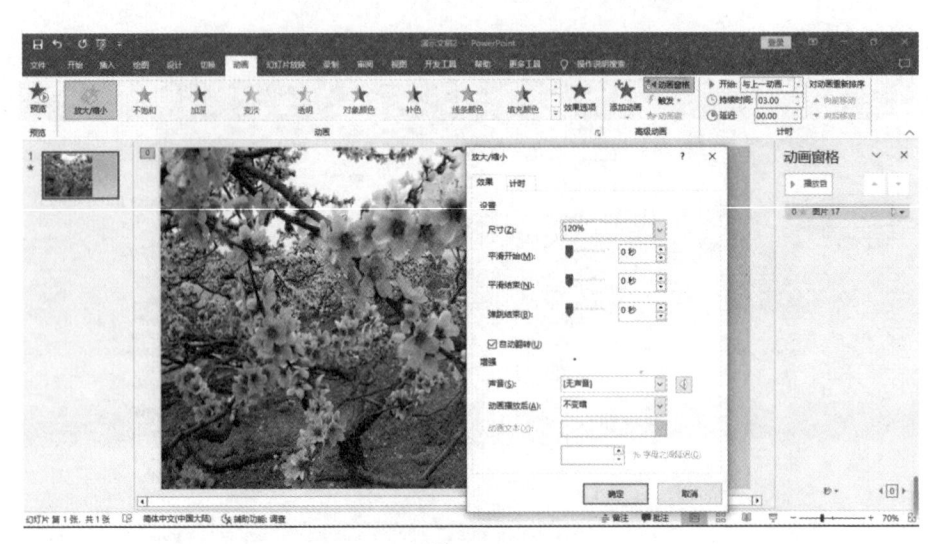

图 10-6

（八）最后加入标题文字，即完成，如图 10-7 所示。

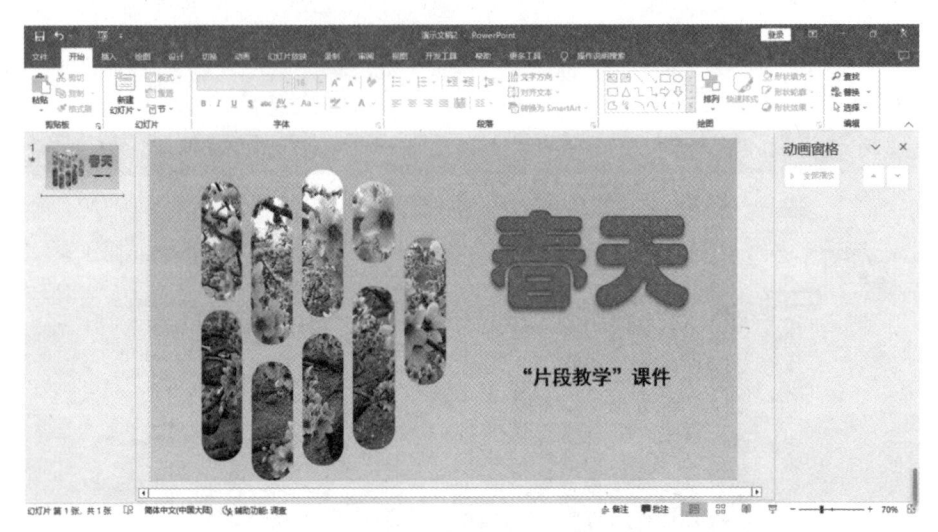

图 10-7

三、应用拓展

这里的圆角矩形可以换成其他的图形，比如正六边形，需要的动画效果，可以在下层插入视频，也可以用图片填充，无动态的图形。

案例 2 利用文本框的文本效果来制作 PowerPoint 封面

一、设计思路

在 PPT 中对文本框的编辑中，有许多样式，这些美观的样式怎么应用到图片中来呢？这就要示在文本框中输入的不是真正的文字，设定样式后，再用图片去填充文本。

二、设计步骤

（一）在幻灯片中插入一个文本框，输入一串减号，如图 10-8 所示。

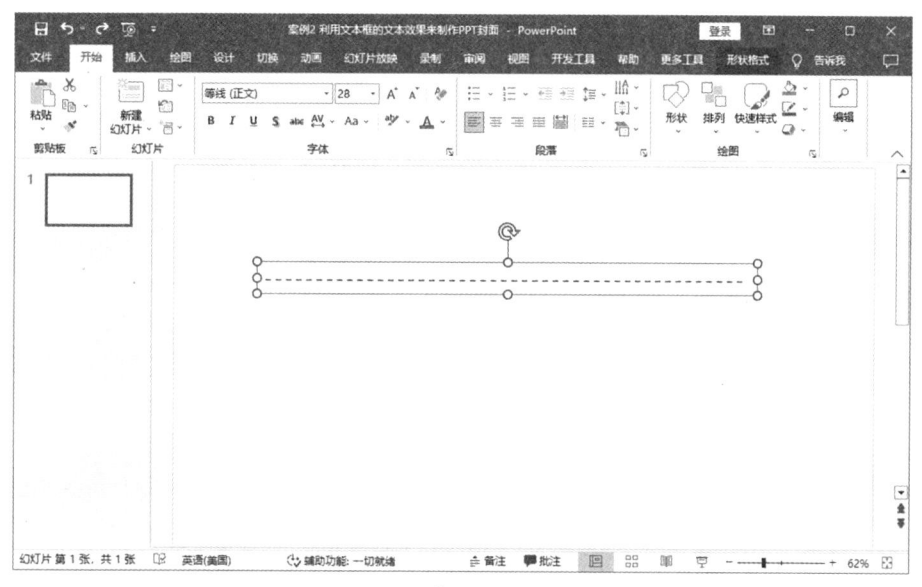

图 10-8

（二）选定文本框，在"形状格式"选项卡的"艺术字样式"组中点击"文本效果"下的"转换"，在其中选择一种样式，如图 10-9 所示。

（三）拖拽文本框，调整其大小和位置，然后用图片填充文本，如图 10-10 所示。

（四）最后在下方加入标题文字，如图 10-11 所示。

PowerPoint 课件制作与技巧案例研究

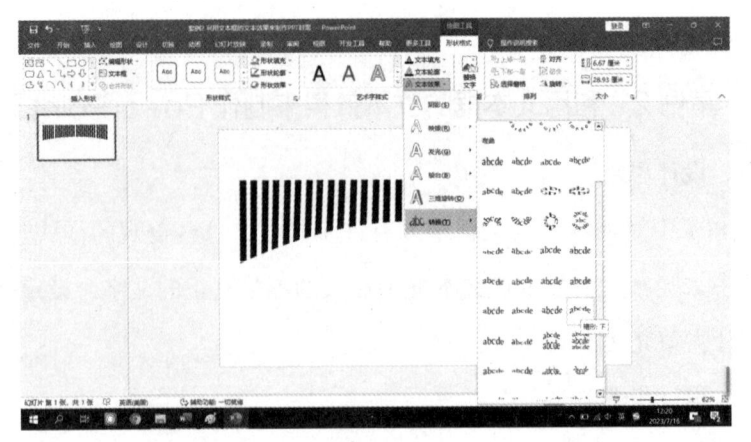

图 10-9

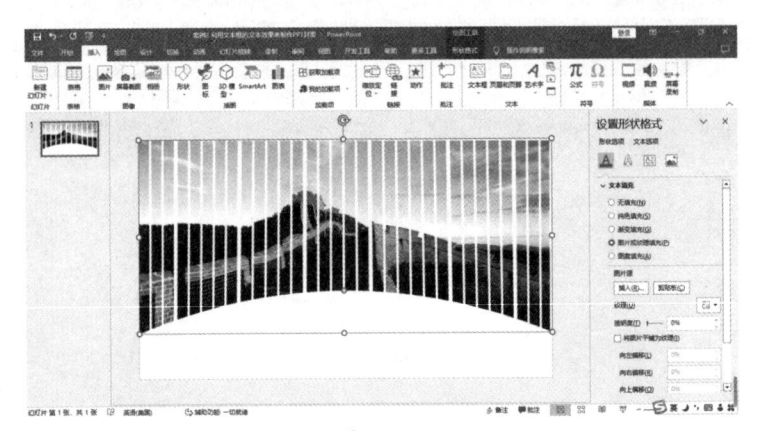

图 10-10

图 10-11

· 146 ·

三、应用拓展

文本框的效果转换中的样式较多,选择与主题一致的较好,如果感觉图形中的间隔过大,可以通过调整字体中的字符间距缩放来得到最佳效果。这种效果,我们也可以运用图形的布尔运算来得到,操作起来要复杂一些。

案例3 卷轴动画的制作

一、设计思路

课件的开头采用卷轴的方式呈现课件的标题,如书卷展开的动画形式很是吸引学生的注意力。

二、设计步骤

(一)在幻灯片中插入一张图片,调整其大小,并置于幻灯片中心位置。

(二)利用圆柱、椭圆等形状绘制画轴,通过复制得到两个画轴,并排放在幻灯片中心位置,如图10-12所示。

图 10-12

(三)设置动画为由中央向左右展开的劈裂效果,持续时间为2.25秒。

（四）分别设置两个画轴的动画为向左、向右的路径动画，调整其路径终点分别为图片的左右边缘，开始设置为与上一动画同时，持续时间为 2 秒，效果选项中平滑开始和平滑结束都设置为 0 秒，如图 10-13 所示。

图 10-13

（五）幻灯片放映看看效果，如图 10-14 所示，如果图片的展开与两轴的动画不同步，就调整持续时间。

图 10-14

第十章 PowerPoint 制作教学课件的技巧案例

三、应用拓展

这时我们只做了从中间向左右两边展开的卷轴动画效果，也可以设计向一边展开，或者对于竖着的画可以设计从上向下展开动画，还可以设计收起的卷轴动画。

案例 4 温度上升与下降动画制作

一、设计思路

将温度计放在开水中，可看到温度上升的过程；把温度计放到冰水中，看到温度下降的过程，在 PPT 中用一个"擦除"的进入、退出动画就能实现。

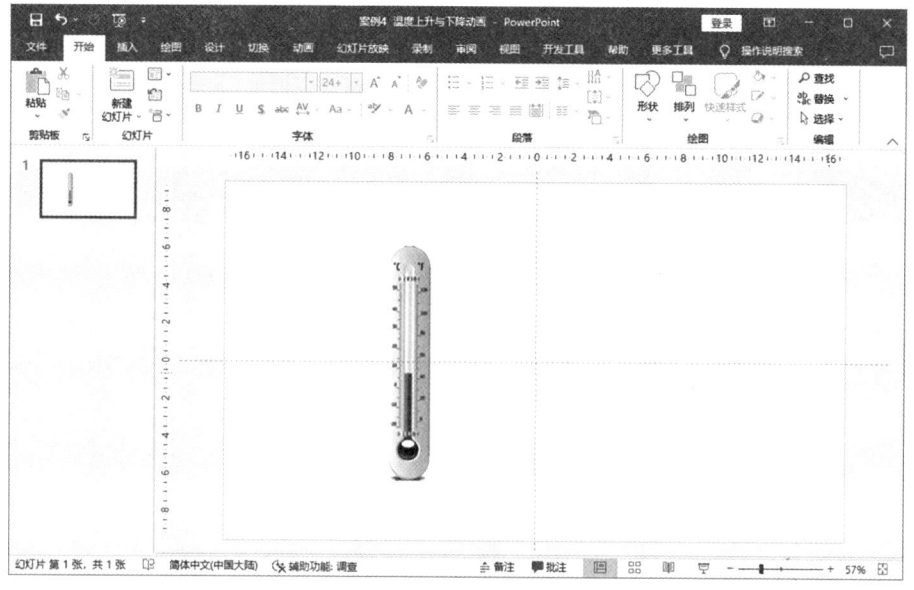

图 10-15

二、设计步骤

（一）在幻灯片中插入温度计图片，如图 10-15 所示。

（二）复制一张温度计图片，插入一个矩形，调整矩形位置、大小，使其与温度计中的红色水银柱重合，如图 10-16 所示。

（三）先选定温度计，再选定矩形，点击"合并形状"中的"相交"，

PowerPoint 课件制作与技巧案例研究

得到温度计的红色水银柱,如图 10-17 所示。

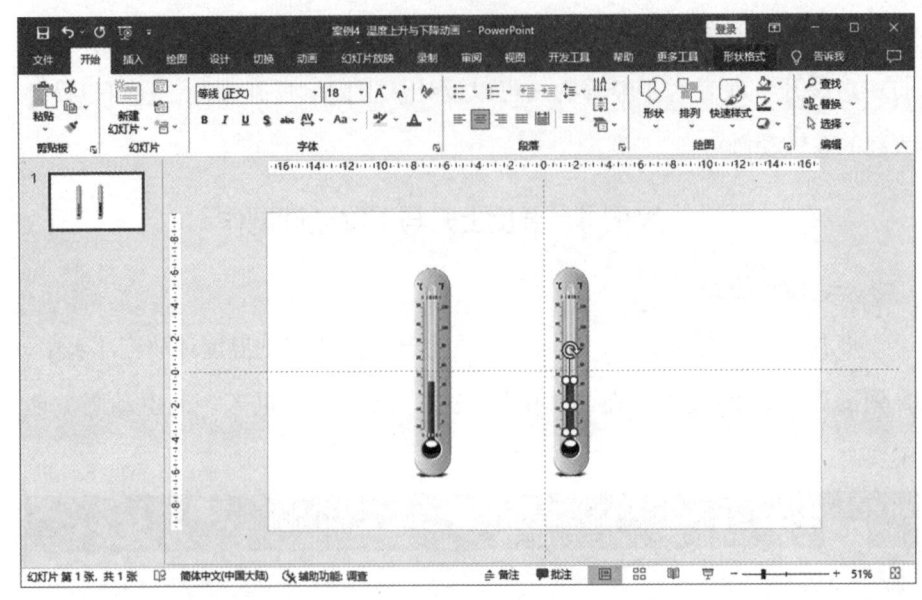

图 10-16

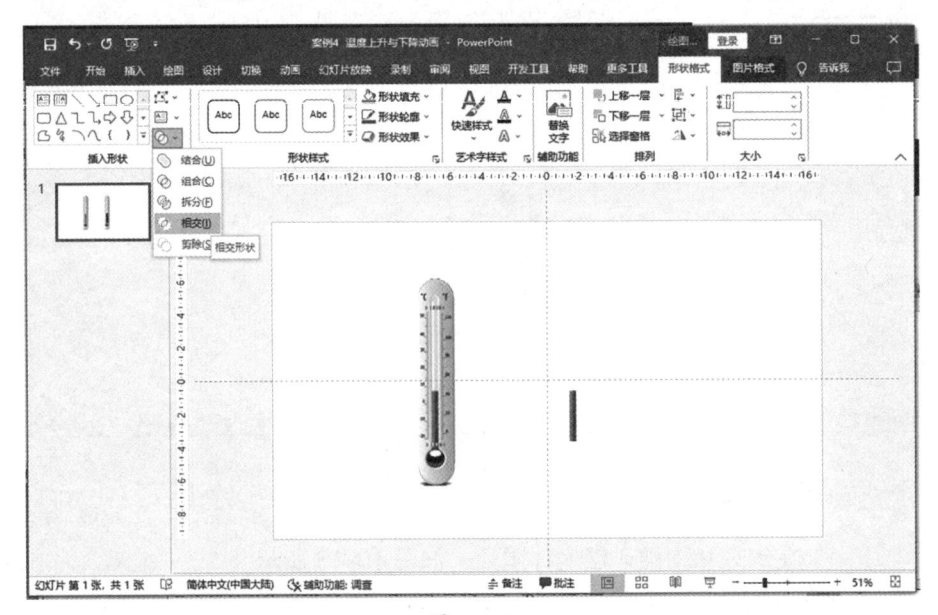

图 10-17

(四)调整红色水银柱的位置,连接在温度计中水银柱上方,不留缝隙,使其看起来是一个整体,如图 10-18 所示。

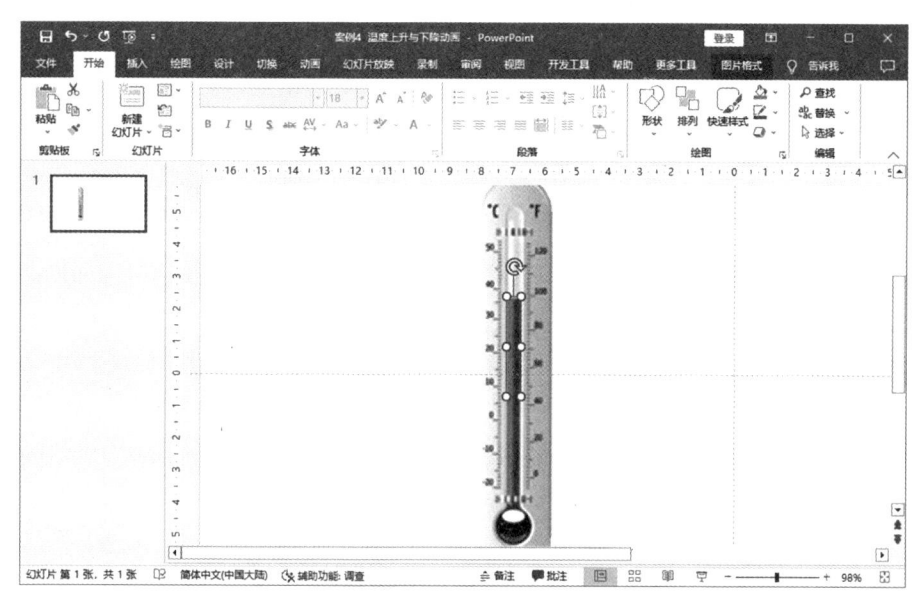

第十章　PowerPoint 制作教学课件的技巧案例

图 10-18

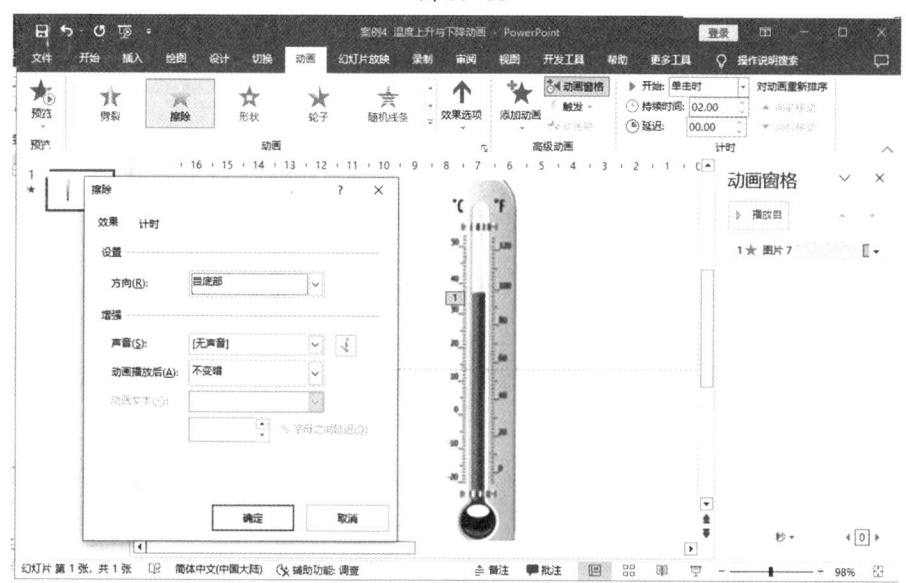

图 10-19

（五）为红色的水银柱添加一个"擦除"的进入动画，方向为"自底部"，持续时间为 2 秒，如图 10-19 所示，播放看看，一个温度上升的动画就实现了。

（六）再给红色水银柱图片添加一个"擦除"退出动画，方向为"自顶

PowerPoint 课件制作与技巧案例研究

部",持续时间为 2 秒,这就实现了温度下降的动画过程。

三、应用拓展

上面是直接设置红色水银柱的动画来实现温度上升、下降的动画的过程,我们也可以用一个填充色为温度计中红色水银柱边上颜色的矩形先遮罩红色水银柱,通过擦除动画显示出红色水银柱来实现。

案例 5 书本翻页动画制作

一、设计思路

书本翻页动画放映起来,就像翻书学习一样,更加接近生活、自然美观,这个动画的实现非常简单,只需要设置一种切换效果。

二、设计步骤

(一)将幻灯片背景设为你喜欢的一种颜色,应用到全部。

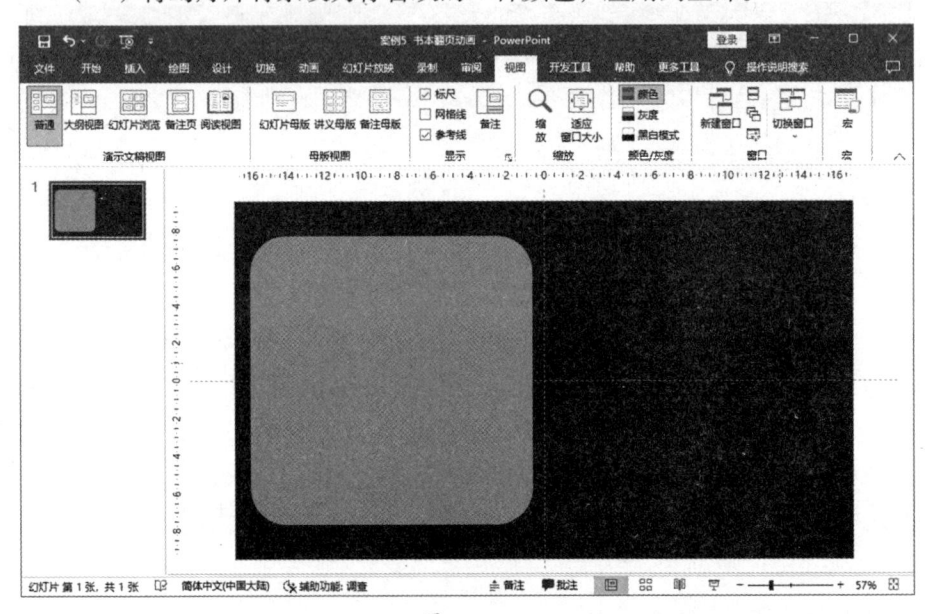

图 10-20

(二)在幻灯片中插入一个圆角矩形,调整圆角弧度,矩形的大小调整为比幻灯片一半还小一点,填充一种颜色,设置无轮廓,如图 10-20 所示。

(三)复制一个圆角矩形,调整位置,使两个圆角矩形以幻灯片的中垂参考线对称排列，如图 10-21 所示。

（四）在左边圆角矩形的右上则插入一个小圆，填充为幻灯片背景，无轮廓，复制一个小圆到右边圆角矩形的左上侧。

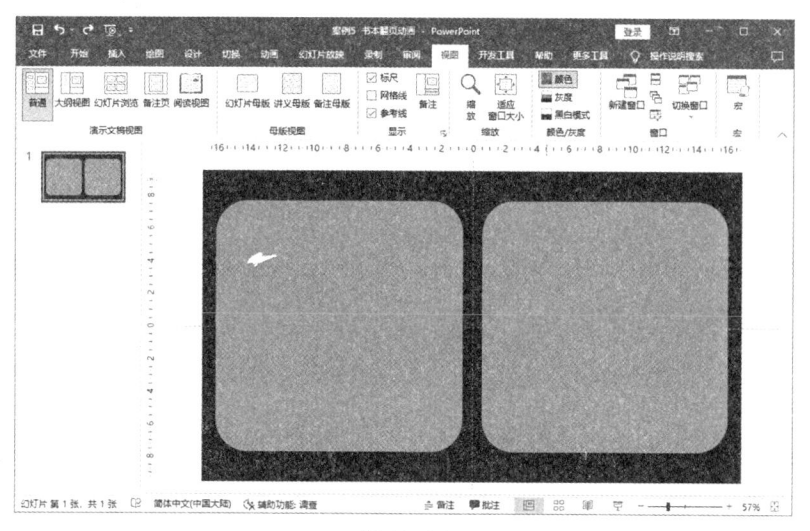

图 10-21

（五）插入一个空心弧，填充为白色，无轮廓，调整大小、位置连接两个圆形，如图 10-22 所示。

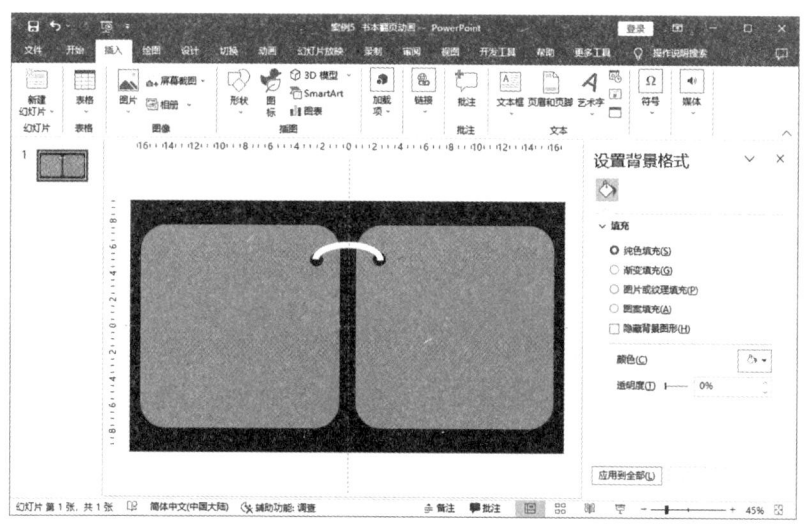

图 10-22

（六）选定两个小圆和空心弧，把它们组合成一个图形，复制多个组合

PowerPoint 课件制作与技巧案例研究

图形，通过左对齐和纵向分布排列，如图 10-23 所示。

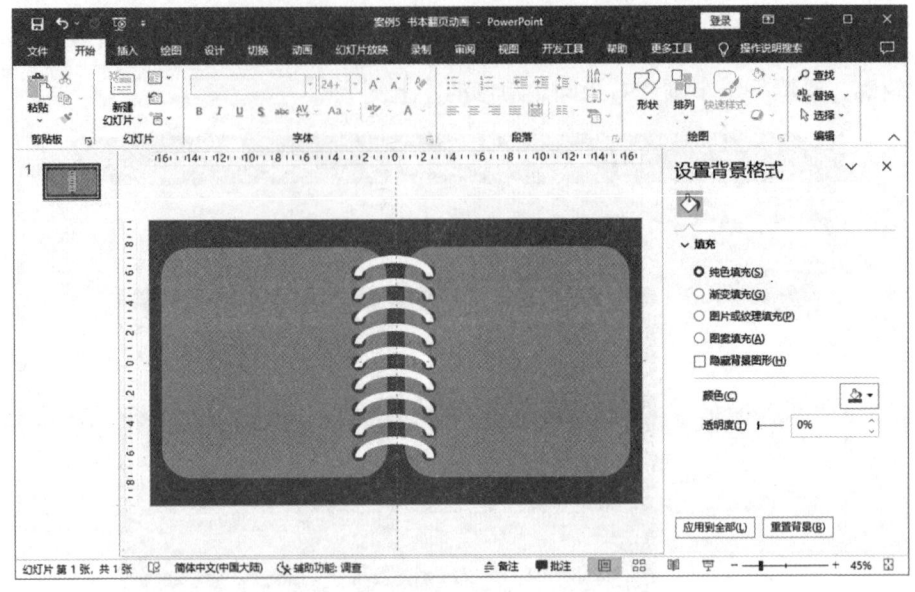

图 10-23

（七）复制多张幻灯片，并把所有幻灯片的切换设置为"页面卷曲"，如图 10-24 所示。

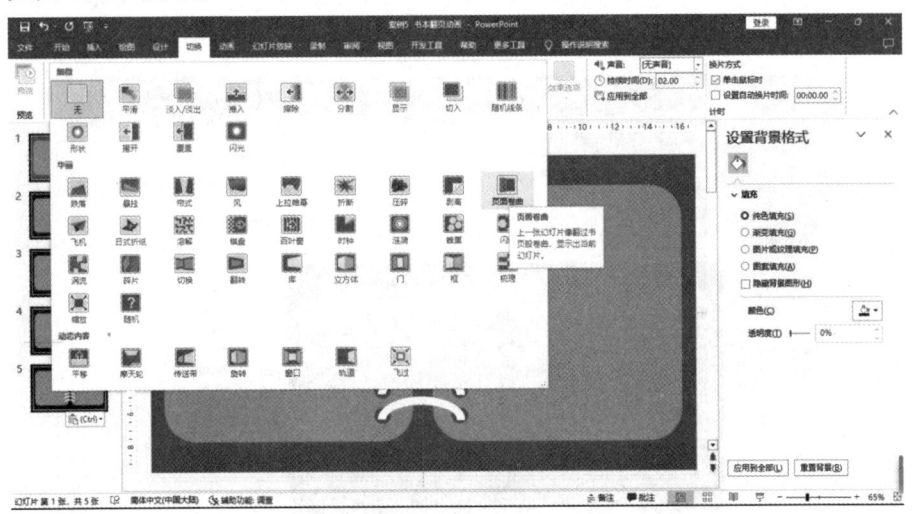

图 10-24

（八）在每张幻灯片的左右圆角矩形内插入不同的动物图片，如图 10-25 所示。

（九）放映看一下效果。

· 154 ·

图 10-25

案例 6　探照灯文字效果

一、设计思路

运用图层可以做出许多新颖的动画效果，比如让探照灯照在一串文字上来回"扫射"，灯光归到的地方文字出现。

二、设计步骤

（一）在幻灯片中插入一个矩形，设置填充为黑色、无轮廓，如图 10-26 所示。

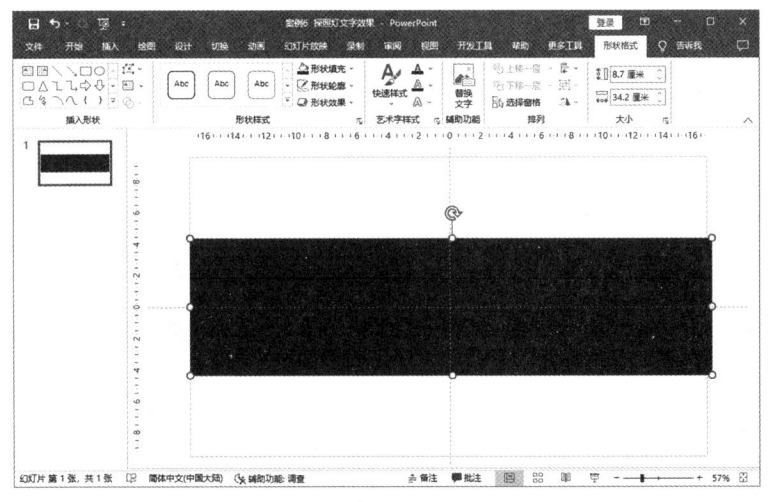

图 10-26

（二）插入文本框，输入文字，设置文字大小，将文本框置于矩形中，如图 10-27 所示。

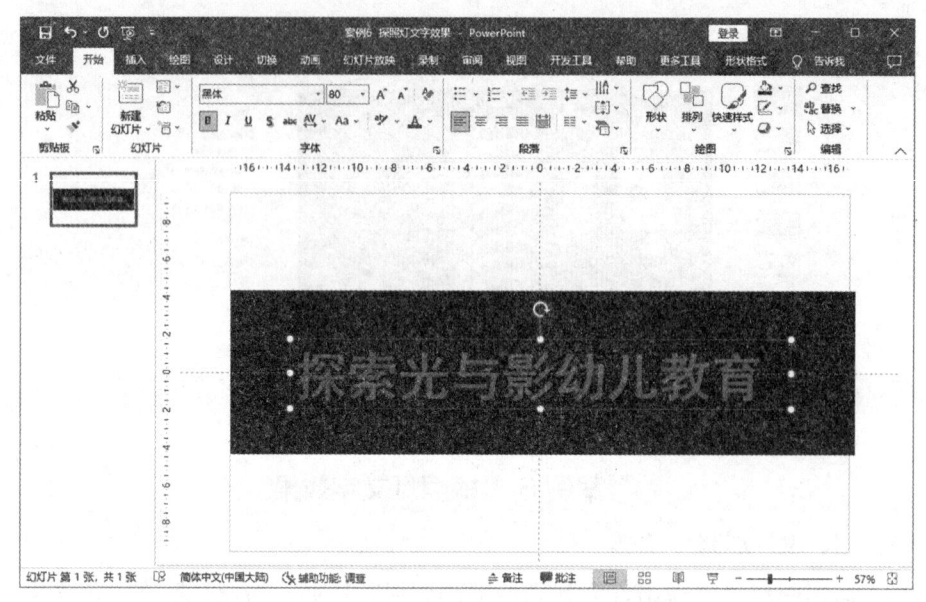

图 10-27

（三）在幻灯片中插入一个圆形，填充为白色、无轮廓，位置调整到矩形的左侧，如图 10-28 所示。

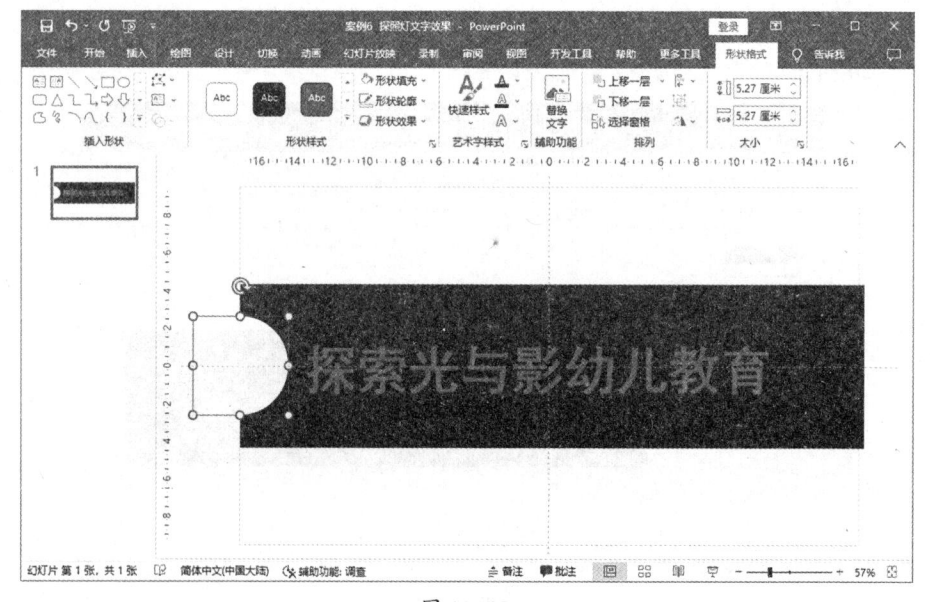

图 10-28

第十章 PowerPoint制作教学课件的技巧案例

（四）将文字颜色设为与矩形一样的黑色，使文字不可见，将圆形下移一层，使其处于矩形与文本框之间。

（五）给圆形设置从左到右的路径动画，使其从矩形的左边运动到矩形右边，持续时间设为8秒，勾选"自动翻转"，重复次数高为5次，如图10-29所示。

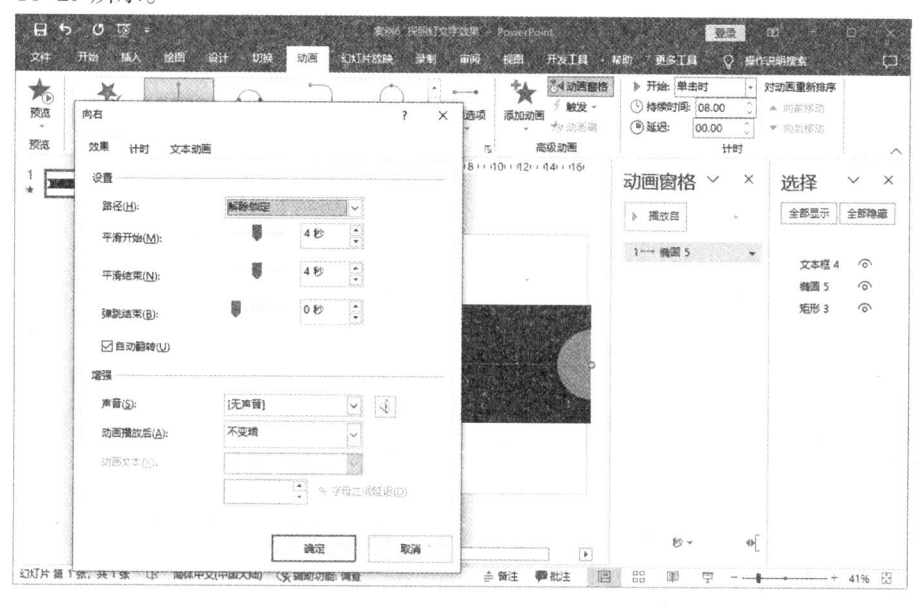

图 10-29

（六）放映幻灯片，效果如图10-30所示。

图 10-30

三、应用拓展

这里主要是文字与它的下一层的颜色一致，使其不可见，也可以不用画出矩形，直接将文字颜色设为与幻灯片背景同色，运动的形状颜色要与文字颜色有区别，置于文字与背景之间，方能凸显效果。

案例7　翻牌游戏

一、设计思路

抓阄、抽签、翻牌之类的游戏在民间广为流传，能否运用到我们的教学上呢？比如我们想让学生来表演一个节目，有唱歌、跳舞、讲故事等等，让学生从中以翻牌游戏的形式来确定节目，放映PPT让学生用鼠标点选，这样能大大增加课堂的互动性和趣味性。

二、设计步骤

（一）在幻灯片中插入一个直径为7厘米的圆形，形状填充为蓝色、无轮廓，设置形状效果使其具有一点立体感，并在其中输入数字1，如图10-31所示。

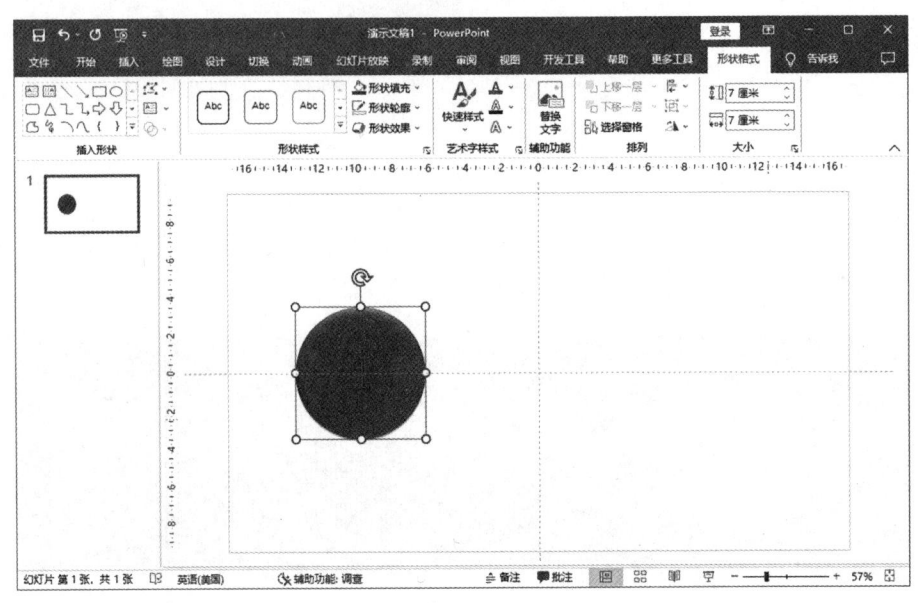

图10-31

（二）再插入一个同样大小的圆形，形状填充为绿色、无轮廓，设置形状效果使其具有一点立体感，并在其中输入文字"我唱歌"，如图10-32所示。

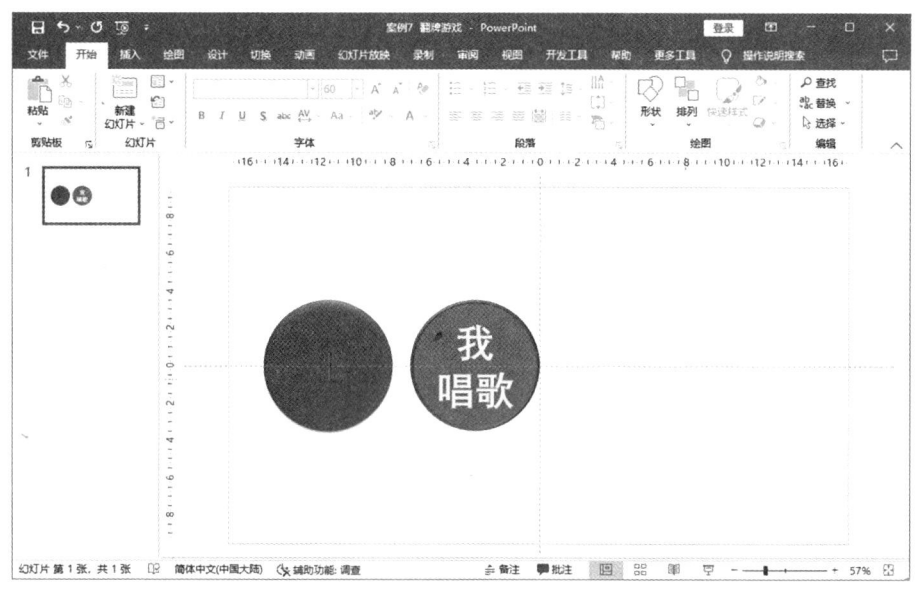

图 10-32

（三）为圆 1 设置"层叠"的退出动画，持续时间为 0.5 秒，触发器设置为单击它本身即圆 1，为圆 2 设置"展开"的进入动画，开始设为与上一动画同时，持续时间为 0.5 秒，延迟为 0.5 秒，如图 10-33 所示。

图 10-33

（四）同时选定两个圆形，左对齐，上下居中对齐，将圆1设为顶层，放映幻灯片，看看效果。

（五）将两个圆形复制两份，并将数字改为2、3，文字改为"我跳舞""讲故事"，排列在幻灯片中，如图10-34所示。

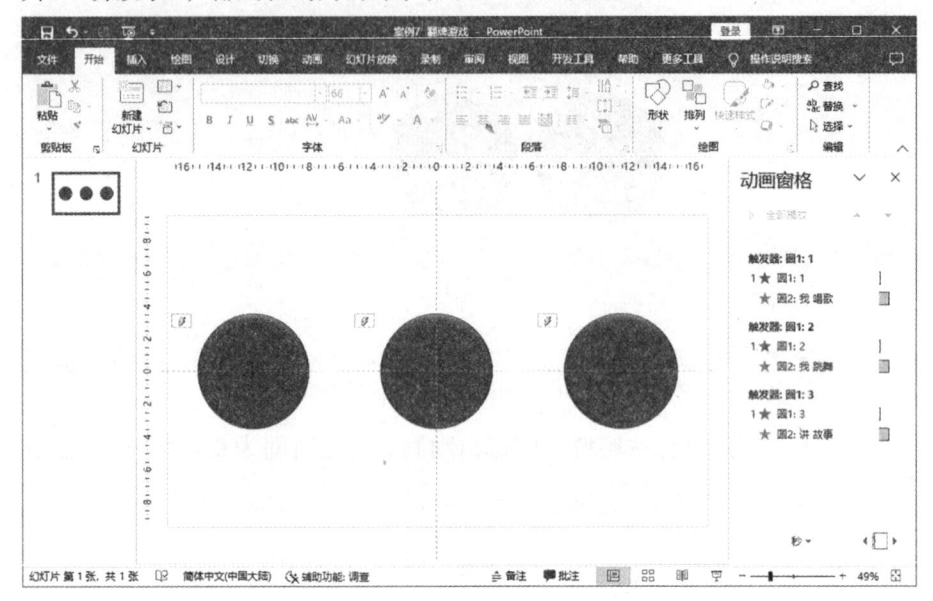

图 10-34

（六）放映幻灯片，看看效果，如图10-35所示为学生点选3后的效果。

图 10-35

三、应用拓展

掌握了这个案例后,可以制作一个信封打开的动画,点击信封,信封缓缓拆开,里面的信纸缓缓抽出。其实,桶盖的打开、小鸡出壳等等动画都可以用这种方法来实现。

案例 8 能判断正误的选择题

一、设计思路

在选择题型中,给出的答案有正确的,也有错误的,当学生用鼠标点选一个答案后,软件会给出"正确"或"错误"的判断结果。

二、设计步骤

(一)在幻灯片中插入 1 个文本框,输入题目;再插入 4 个文本框,分别输入供选择的项,设定字体、字号,并排列好,如图 10-36 所示。

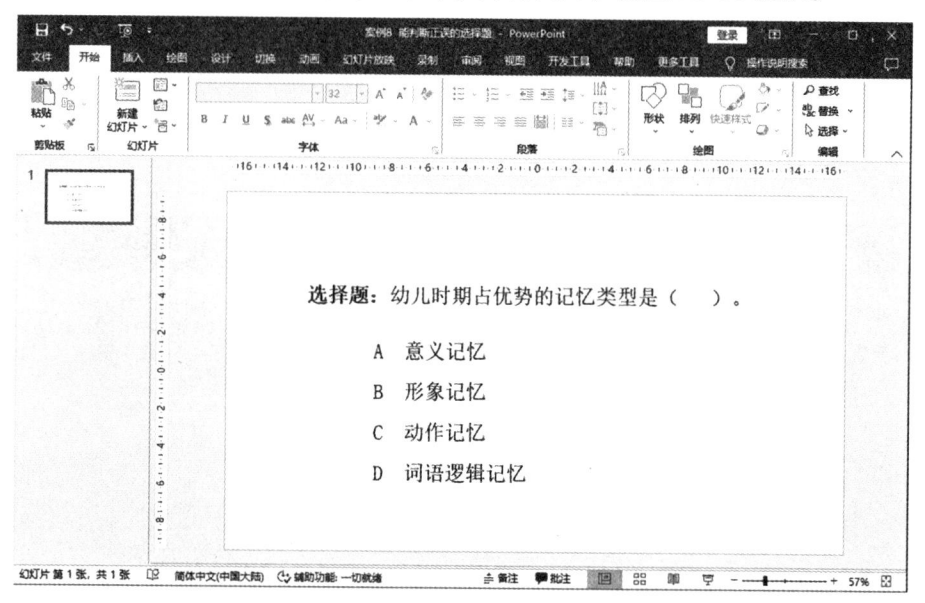

图 10-36

(二)插入 4 个文本框,分别对应 4 个选项的判断文字"正确""错误",排放在对应选项的右侧;再插入 1 个文本框,输入正确的选项 B,放在括号内,如图 10-37 所示。

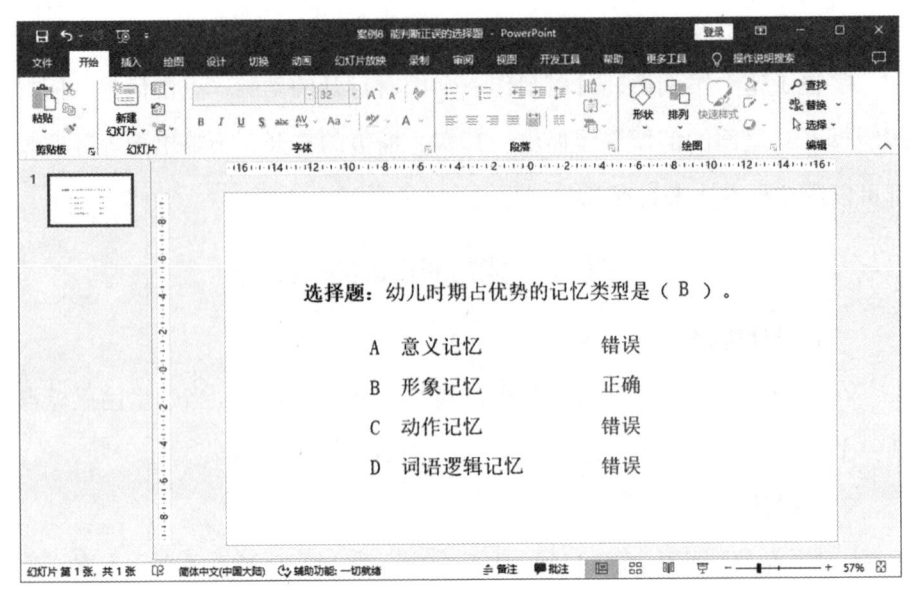

PowerPoint 课件制作与技巧案例研究

图 10-37

（三）为了设置动画对象的选取方便，通过选择窗格为文本框重命名，题目文本框命名为"题目"，4 个选项文本框分别为"选项 A""选项 B""选项 C""选项 D"，4 个判断文本框分别为"判断 A""判断 B""判断 C""判断 D"，如图 10-38 所示。

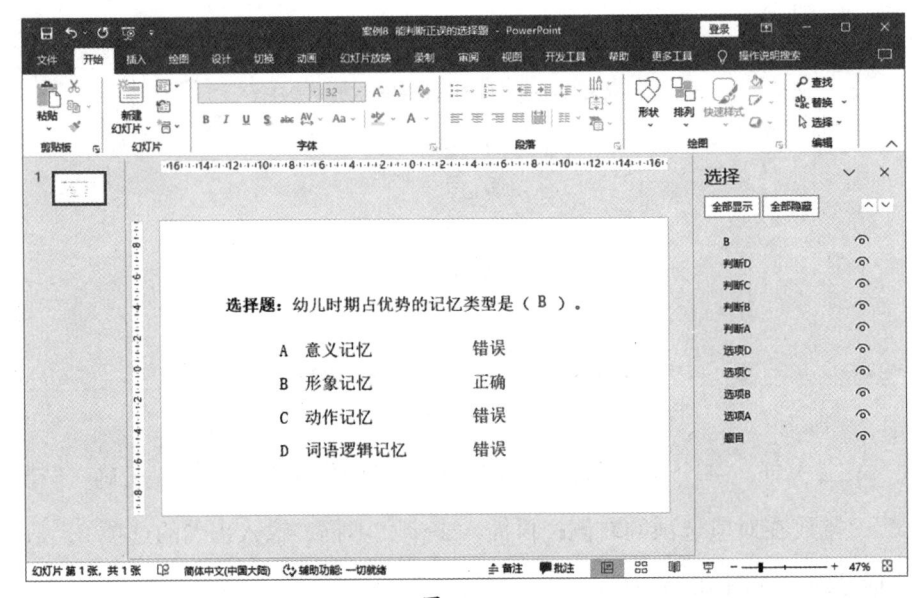

图 10-38

（四）为4个判断文本框设置一种进入动画，并把它们的触发器设置为对应的选项文本框，如图10-39所示。

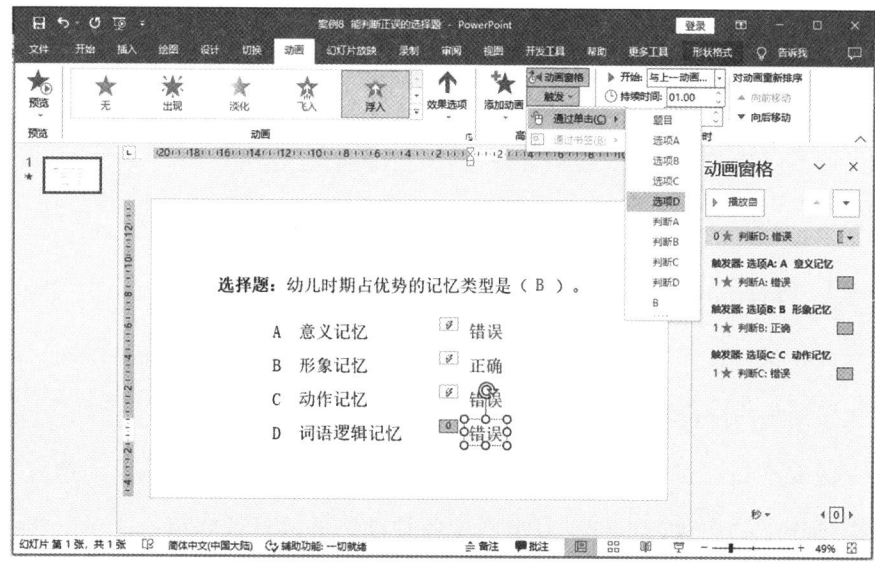

图 10-39

（五）为文本框B设置一种进入动画，在动画窗格中把这个动画拖到"判断B"的下边，"开始"设为"与上一动画同时"如图10-40所示。这样当选择B选项时，在出现"正确"的同时，在题目的括号中出现B。

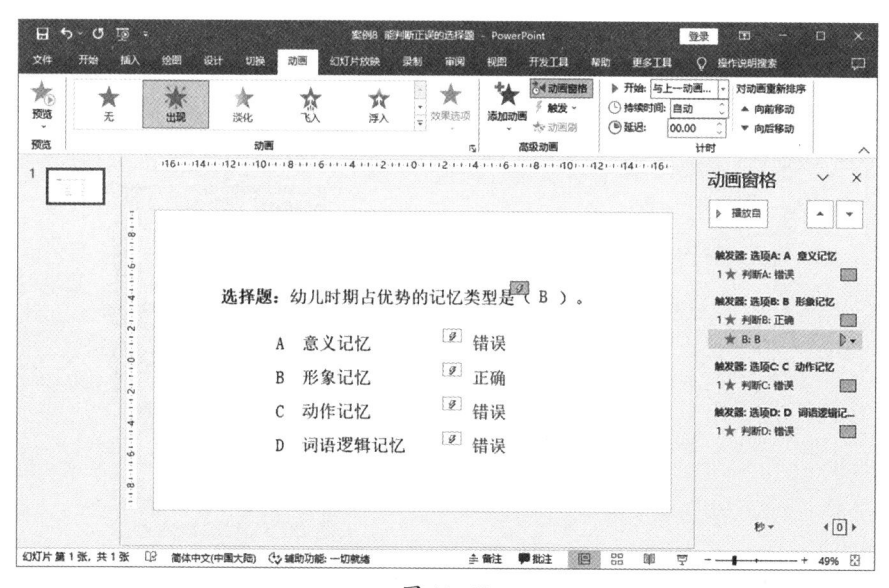

图 10-40

（六）放映幻灯片，看看运行效果。

三、应用拓展

这时是用"正确"与"错误"的文字给出判断，可以增加一些鼓励的语句，也可以一些形象的图片或奖品，这样会使课件更加生动有趣。运用触发器不仅能做选择题，也可以做连线题或填空题等等。

案例 9　有声挂图（认识动物）

一、设计思路

在生活中的早教有声图书，比如认识动物，点击图片中一个动物，则发出该动物的读音。可以将其做成课件，让学生击鼠标认读。

需要准备一张看图识动物的挂图，将 PPT 课件制作中的认读动物与早教图书中动物点读的一样，点击图中各种动物的读音或叫声，这里以点读老虎为例。

二、设计步骤

（一）在幻灯片中插入看图识动物图片，如图 10-41 所示。

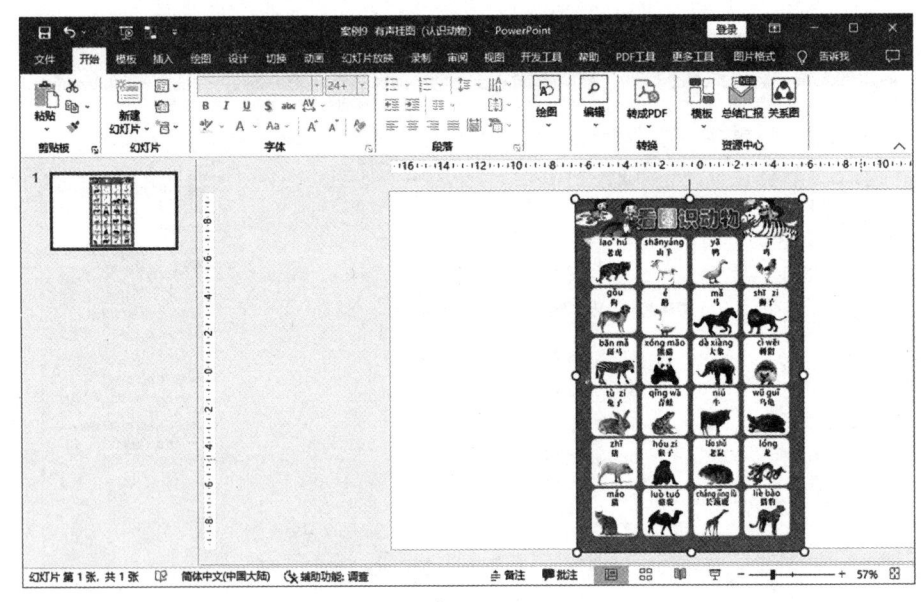

图 10-41

第十章 PowerPoint 制作教学课件的技巧案例

（二）插入一个圆角矩形，置于老虎图片区域上，调整大小为该区域一样，设置无轮廓，任意填充一种颜色，使其透明度100%，如图10-42所示。这是一个隐形的矩形框，用来设置触发器，不影响下面的图片。

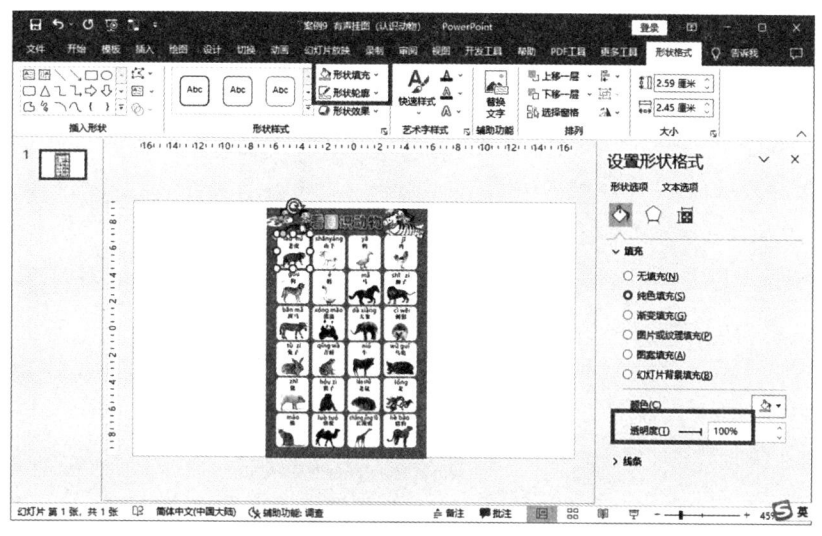

图 10-42

（三）在选择窗格中将隐形矩形框命名为"老虎框"，如图10-43所示，用于所有动物区域上的隐形框插入后，设置触发器时便于区分。

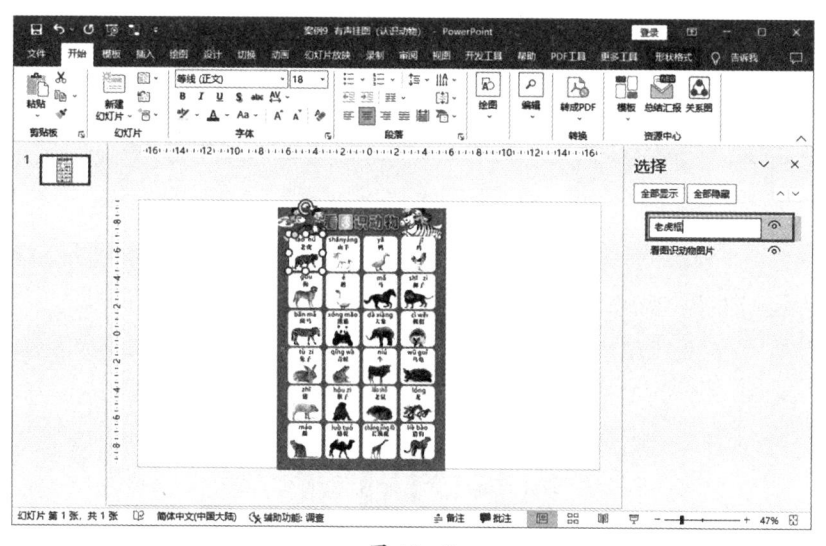

图 10-43

（四）插入"老虎"读音的音频文件，勾选"放映时隐藏"，如图10-44所示。

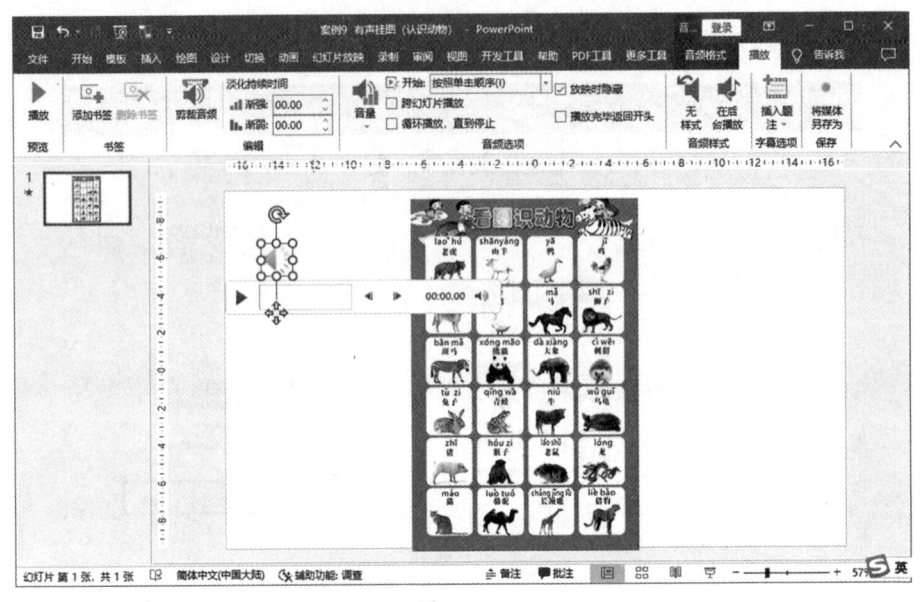

图 10-44

（五）选定"老虎"读音的音频文件的小喇叭，点选"触发"→"通过单击"→"老虎框"，如图10-45所示。

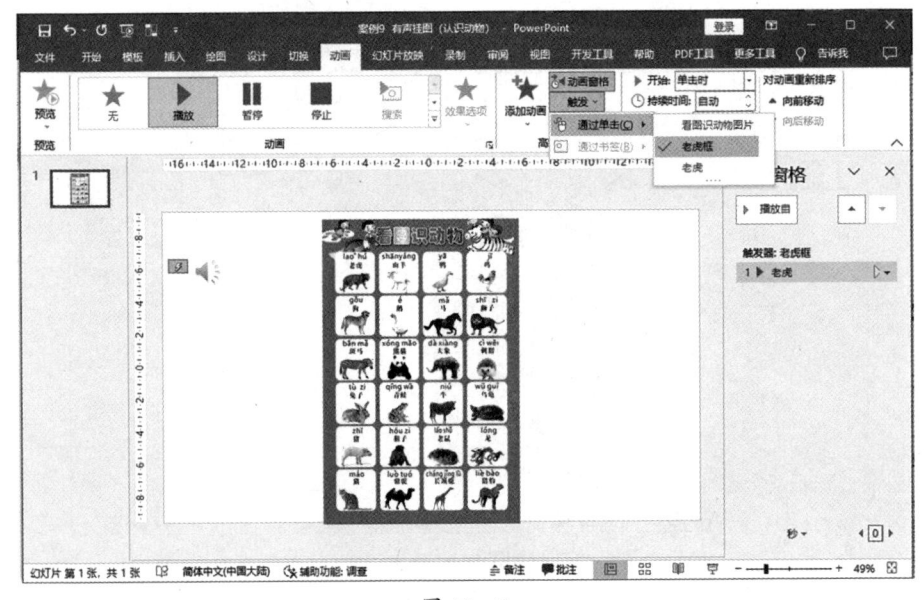

图 10-45

（六）重复第二步至第三步的步骤，为其他动物图区域设置触发器。

三、应用拓展

由于这种图片有多个动物图区域，触发时是点击相应区域，所以为多个区域设置多个隐形的矩形框作为触发器，这里为什么不能设置无填充呢？因为那样在矩形的中间位置无触发效果，只在边缘有触发效果。

案例10 摆运动

一、设计思路

在 PowerPoint 的动画设置中没有单摆动画，我们可以用陀螺旋动画来实现，让陀螺旋动画在一定范围内来回运动就形成了单摆运动动画效果。

二、设计步骤

（一）在幻灯片顶部居中位置插入一个圆角矩形，填充设为"纹理填充"中的"深色木质"，并输入"单摆运动"文字，调整文字大小，如图10-46所示。

图 10-46

（二）插入一个圆和一条直线，设置一定的形状效果，并将其组合成一个图形，即为单摆小球，这时的直线要长一点，如图 10-47 所示。

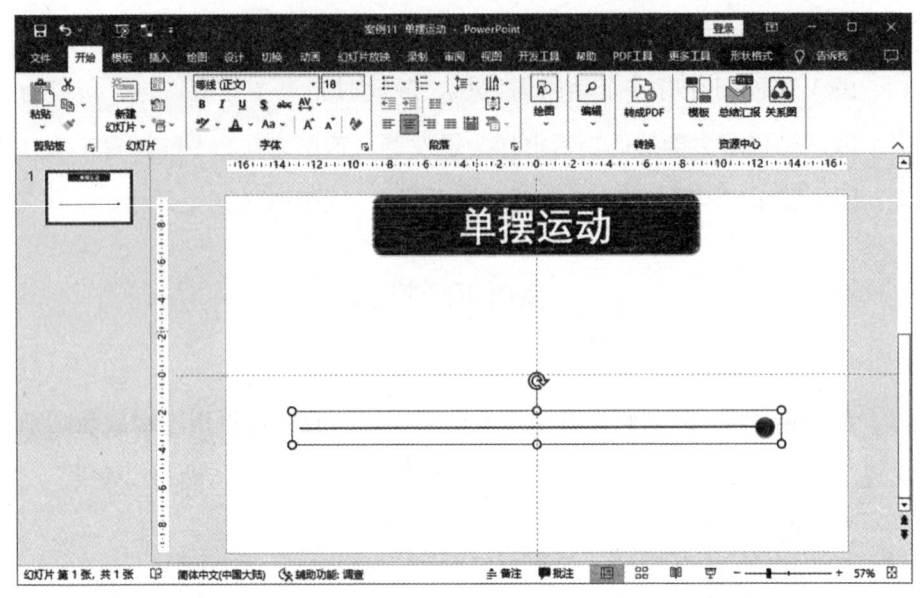

图 10-47

（三）将组合图形旋转 45 度，移动位置，使其中心位置处于标题圆角矩形中间位置，且置于底层，如图 10-48 所示。

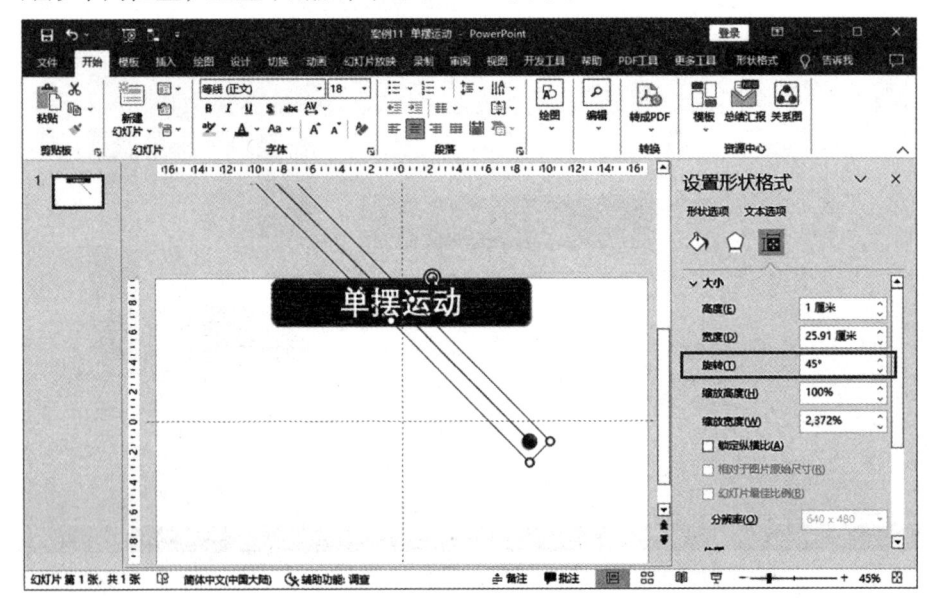

图 10-48

（四）为组合对象设置陀螺旋动画效果，顺时针旋转 90 度，持续时间设为 3 秒，平滑开始、平滑结束均为 0.7 秒，勾选"自动翻转"，重复设为"直到幻灯片末尾"，如图 10-49 所示。

图 10-49

（五）放映幻灯片，看看效果。

三、应用拓展

由于陀螺旋动画是以对象的中心点为圆心的圆周运动，此动画的设计技巧在于把对象的一半置于幻灯片外隐藏，这样将圆周旋转运动动画变成单摆运动动画效果。依据陀螺旋以中心点旋转的特点，要想实现对象绕某端点旋转，就得想方设法虚拟一个新对象，使该"点"成为"中心点"。除这种方法外还有两种方法可以改变其中心点。

方法一：把原图复制一份并水平或垂直翻转，同时将其颜色设置为透明 100%，再和原图对接组合成一个新图形，这时为新图形设置自动移动画为"陀螺旋"。此时，它是以新图的中心点，也就是原图的端点进行旋转的。通过复制、组合、隐藏等办法，将新旧两个图形以某个点形成中心对称，巧妙"移植"旋转点，以此实现"陀螺旋"让图形绕任意点旋转的动画效果。

方法二：以原图中那个点为圆心，画一个正圆，使原图位于正圆内，并与正圆组合成一个新图形,当然那个新画的正圆,要设置为 100% 透明色。这种办法同样能实现绕原图某点旋转的结果。

案例 11　三角形内角和

一、设计思路

在三角形内角和的证明时,我们通常通过剪切把三个角拼成一个平角,即得到 180 度角,如果能将这个过程以动画的形式展现,无疑会在帮助学生理解的基础上,增加趣味性。

二、设计步骤

(一)在幻灯片中插入一个任意三角形,并标出角 1、2、3,如图 10-50 所示。

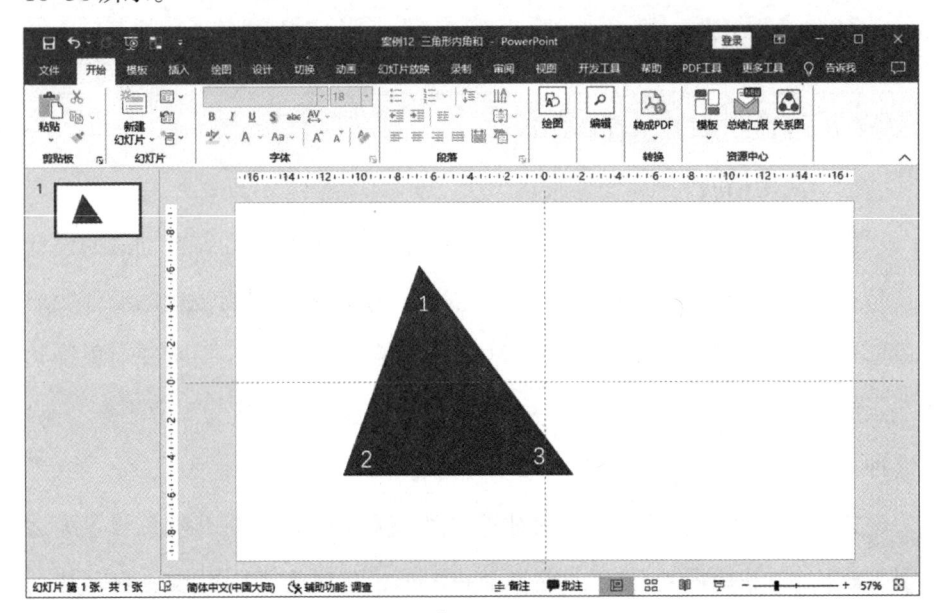

图 10-50

(二)插入一个任意多边形,使其能把三角形的在个内角分开来,如图 10-56 所示。

(三)先选定三角形,再选定任意多边形,点击"形状格式"→"合并形状"→"拆分",拆分形状,如图 10-51 所示。

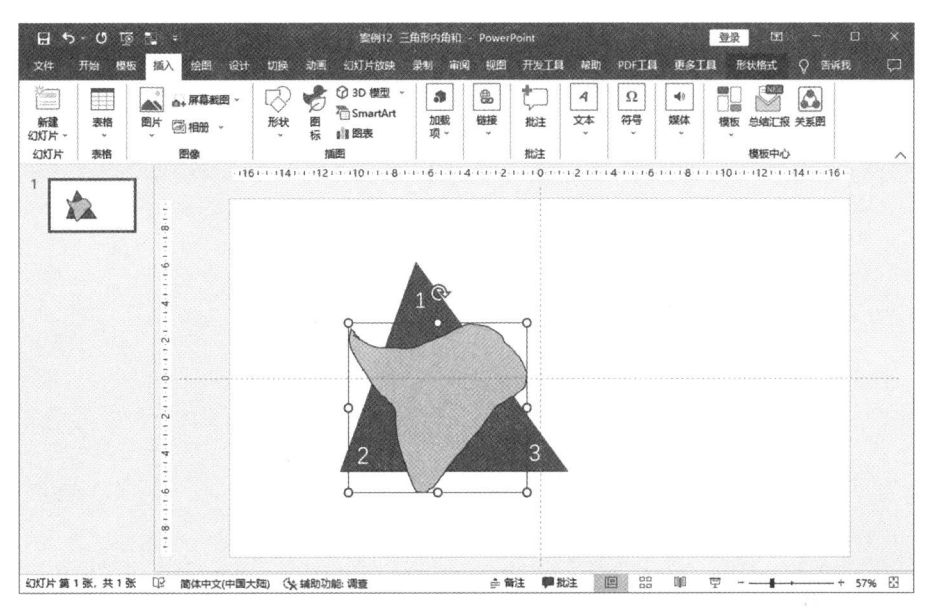

第十章　PowerPoint 制作教学课件的技巧案例

图 10-51

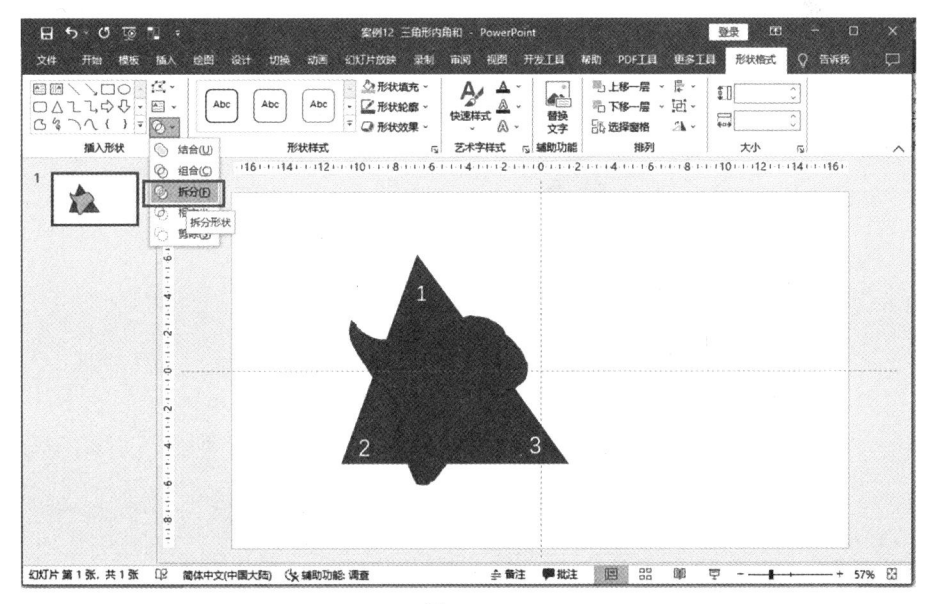

图 10-52

（五）删除多余的形状，把角1、角2填充不一样颜色，如图10-52所示。

（六）为角2设置向右的在线动画，使其平行移动到角3的右边，如图10-53所示。

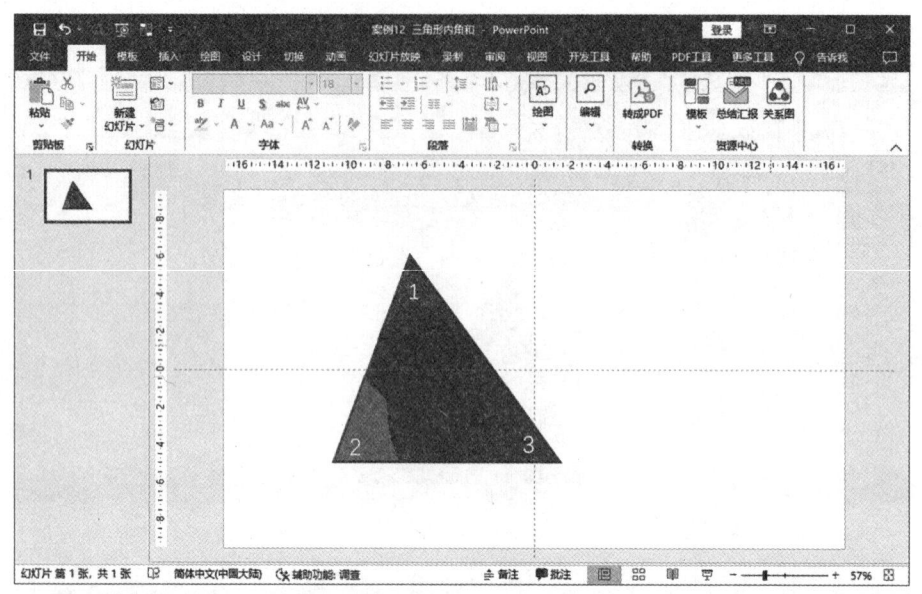

PowerPoint 课件制作与技巧案例研究

图 10-53

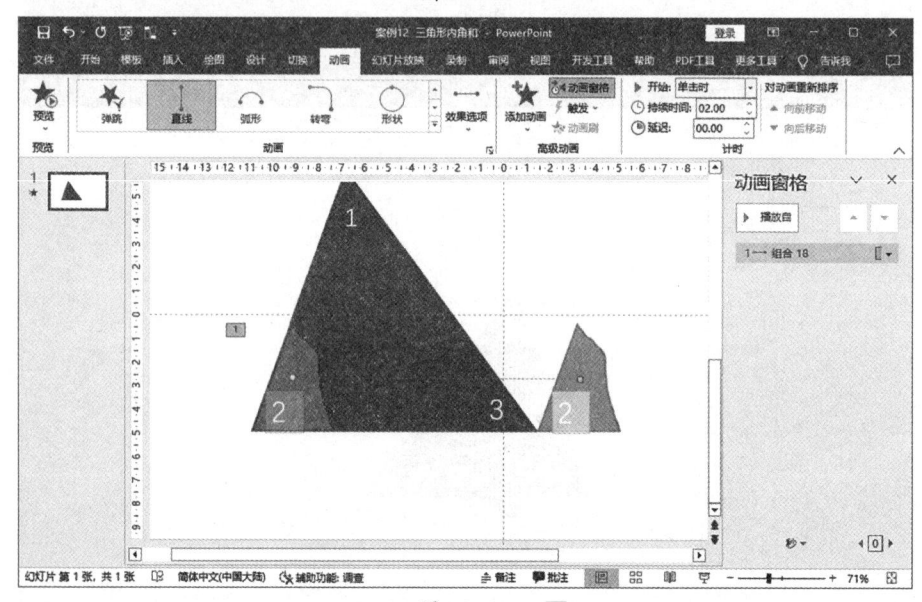

图 10-54

（七）为角 1 添加陀螺旋动画，顺时针旋转 180 度，开始为上一动画之后，再给它添加向右下角的直线路径动画，开始为与上一动画同时，细心调整路径，使角 1 通过动画后，到达角 2 和角 3 之间，并使角 1、角 2、角 3 构成一个平角，如图 10-55 所示。

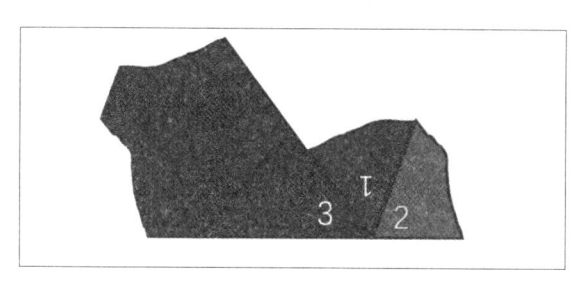

图 10-55

三、应用拓展

类似的动画方法,还可用于制作平行四边形、梯形、圆等面积公式的推导和证明。

案例 12 拍篮球

一、设计思路

在拍篮球时,我们仔细观察得到,篮球从上向动画,接触到地面时,篮球有一个纵向的压缩感,反弹向上运动时有纵向伸展感,制作这个动画,怎么实现这个过程,使其看起来更真实。

二、设计步骤

(一)给幻灯片设置一个背景颜色,在幻灯片中的下部插入一个矩形,无轮廓,填充为纹理中的"栎木",作为球场的地板,如图 10-56 所示。

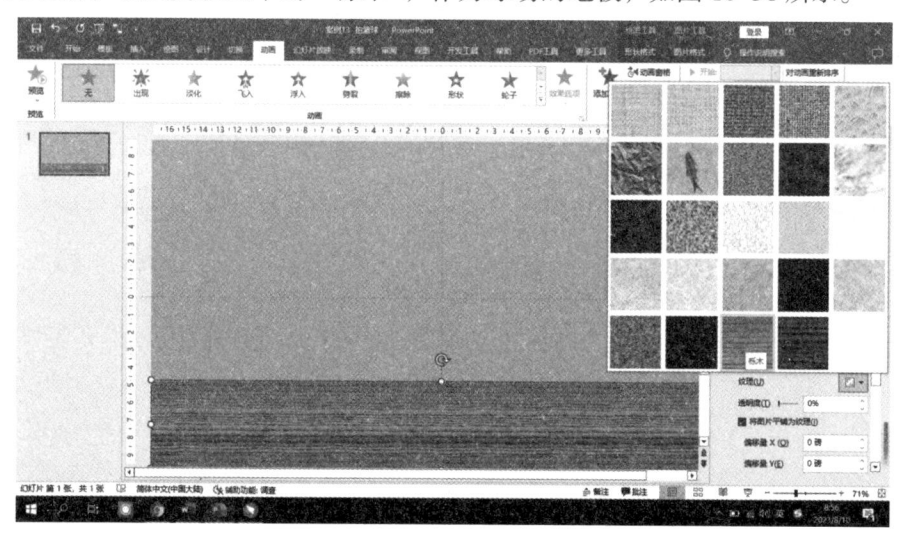

图 10-56

（二）在幻灯片中插入篮球图片，去除其背景，如图 10-57 所示。

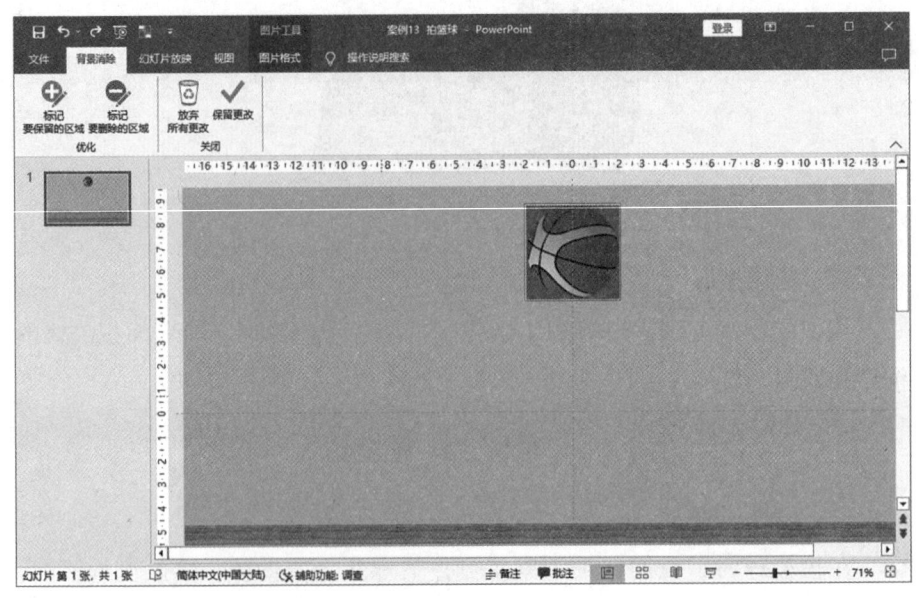

图 10-57

（三）为篮球添加向下的直线路径动画，调整终点，使其向下接触到地板，持续时间为 1 秒，平滑开始、平滑结束分别为 0.5 秒，勾选"自动翻转"，重复为"直到幻灯片末尾"，如图 10-58 所示。

图 10-58

（四）放映幻灯片，发现动画有点生硬。

（五）为篮球添加放大或缩小动画，开始为"与上一动画同时"，持续时间为 1 秒，尺寸为 90% 垂直，勾选"自动翻转"，重复为"直到幻灯片末尾"，如图 10-59 所示。

图 10-59

（六）放映幻灯片，动画变得自然。

三、应用拓展

在放大/缩小动画设置中，在设置尺寸时有"水平""垂直""两者"三个选项，系统默认的是"两者"，即是对象的整体放大/缩小，在制作动画过程中，有的只需要垂直方向或水平方向的放大/缩小，比如一个水平运动的对象，碰撞后反弹的动画就只需要水平方向的放大/缩小。

案例 13　滚动的数字

一、设计思路

在认识数字的教学中，我们用滚动的方式出现数字，能更好地吸引学生，增强学生学习的兴趣。

PowerPoint 课件制作与技巧案例研究

二、设计步骤

（一）插入一个文本框，输入数字"1234567890"，调整字体、字号，然后横向压缩文本框，并将文本调整为竖向，如图 10-60 所示。

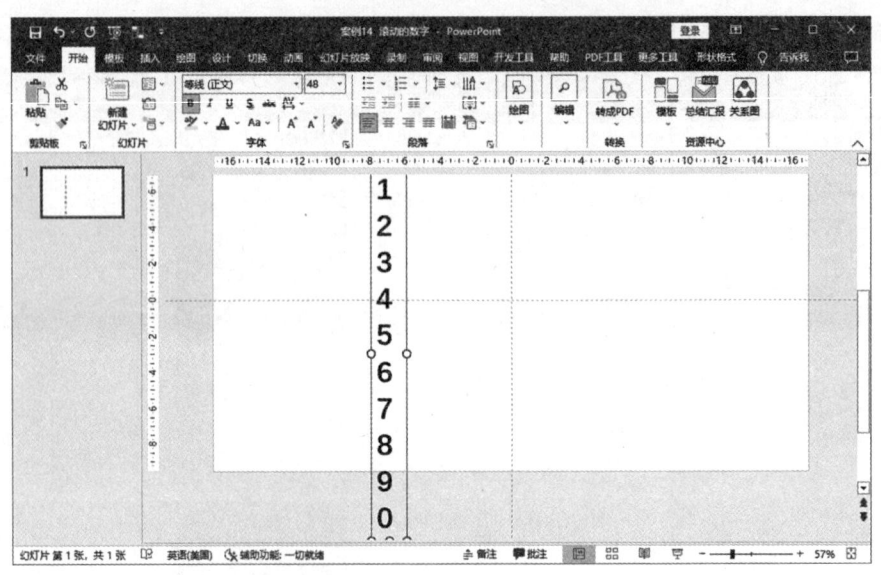

图 10-60

（二）选中数字文本框，Ctrl+C 复制文本框后，再点击鼠标右键，在"粘贴选项"中选择"粘贴为图片"，如图 10-61 所示。

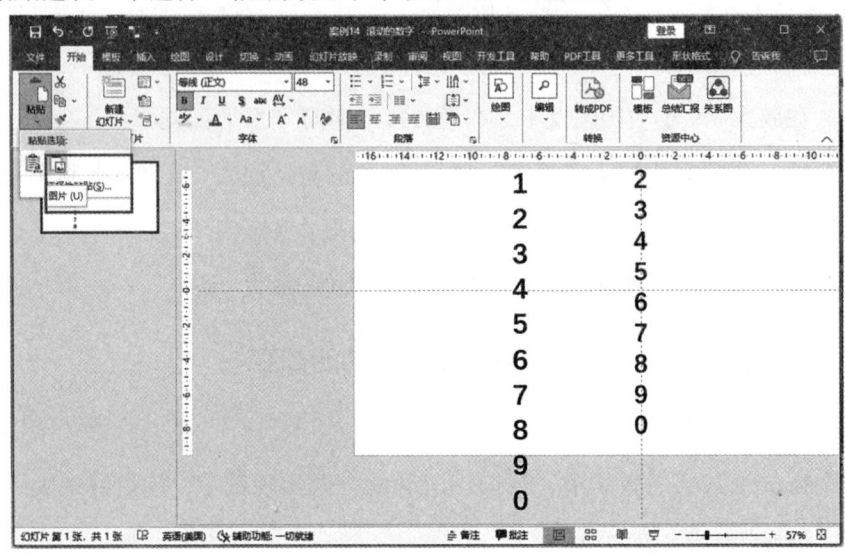

图 10-61

第十章　PowerPoint 制作教学课件的技巧案例

（三）删除原来的文本框，只留粘贴的图片，把图片调整大一些，并使用裁剪功能，将图片裁剪得只剩一个数字 0，如图 10-62 所示。

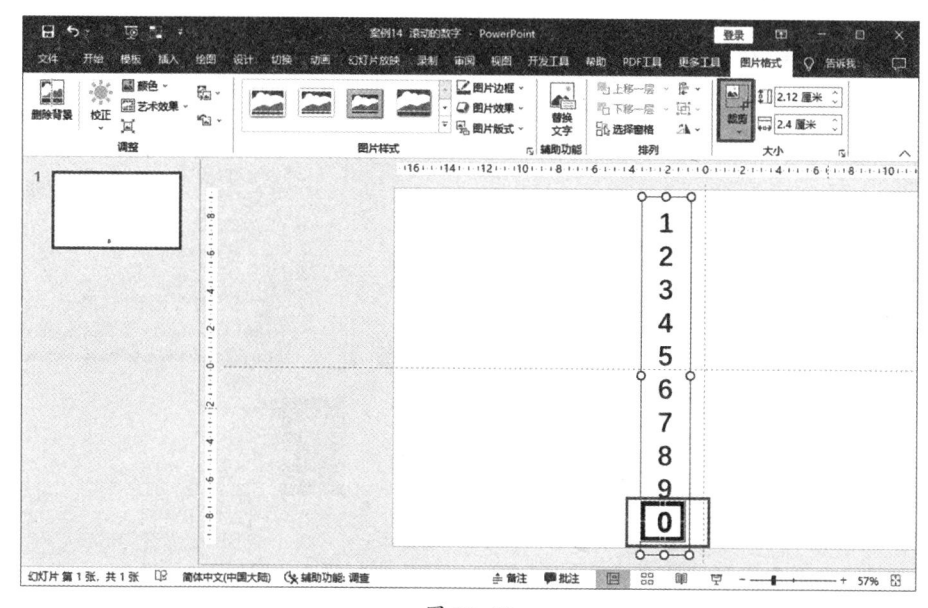

图 10-62

（四）数字 0 移动到幻灯片页面中，并复制粘贴三份，得到四个 0，摆放如图 10-63 所示。

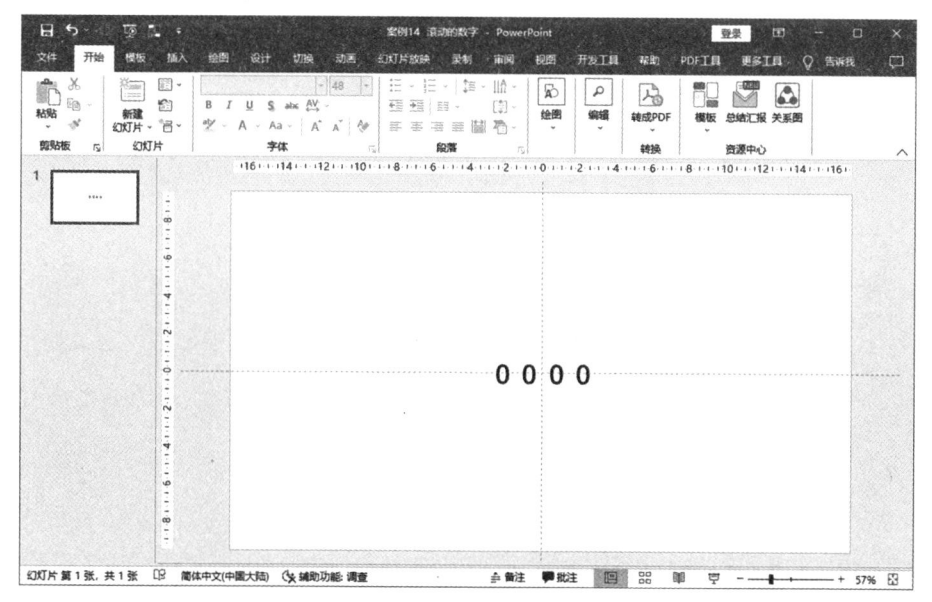

图 10-63

（五）复制当前幻灯片，得到两页相同的幻灯片，在复制得到的第二页幻灯片中，使用裁剪功能，把需要展示的数字调整出来，如图 10-64 所示。

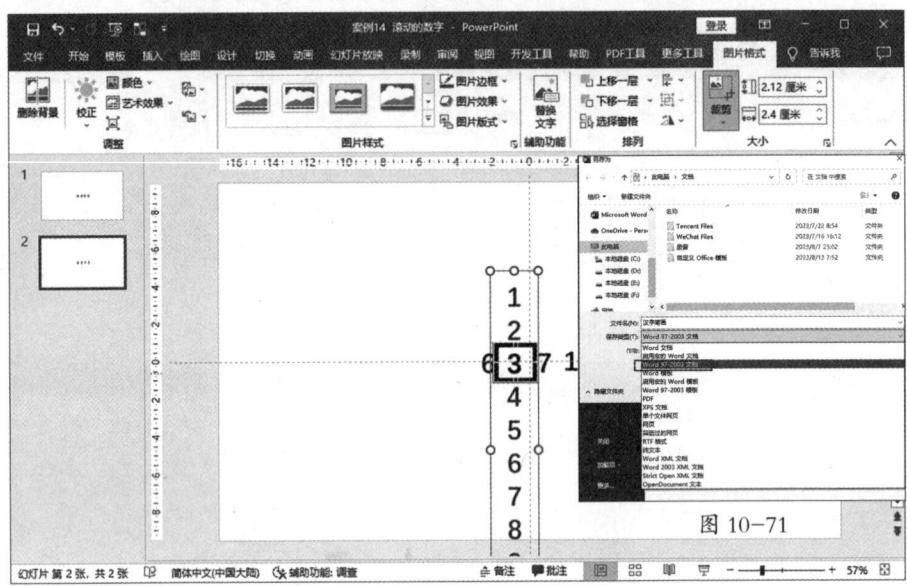

图 10-64

（六）为第 2 张幻灯片添加"平滑切换"动画，如图 10-65 所示。

放映幻灯片查看效果，调整完后，还可以添加文字说明，设置幻灯片

图 10-65

第十章 PowerPoint制作教学课件的技巧案例

背景颜色，美化一下。

三、应用拓展

平滑切换动画，制作起来比较简单，在课件中运用好，设计出来的作品能更好地吸引学生。

案例14 汉字笔画书写顺序

一、设计思路

在识字教学中，往往有汉字书写顺序的教学，怎样把汉字的书写顺序做成动画呢？

二、设计步骤

（一）新建一个Word文件，保存为Word 97-2003文档，如图10-66所示。

图 10-66

（二）在Word文档中输入汉字，字体设置为楷体GB_2312、字号300、在效果中勾选"空心"，得到一个空心文字，如图10-67所示。

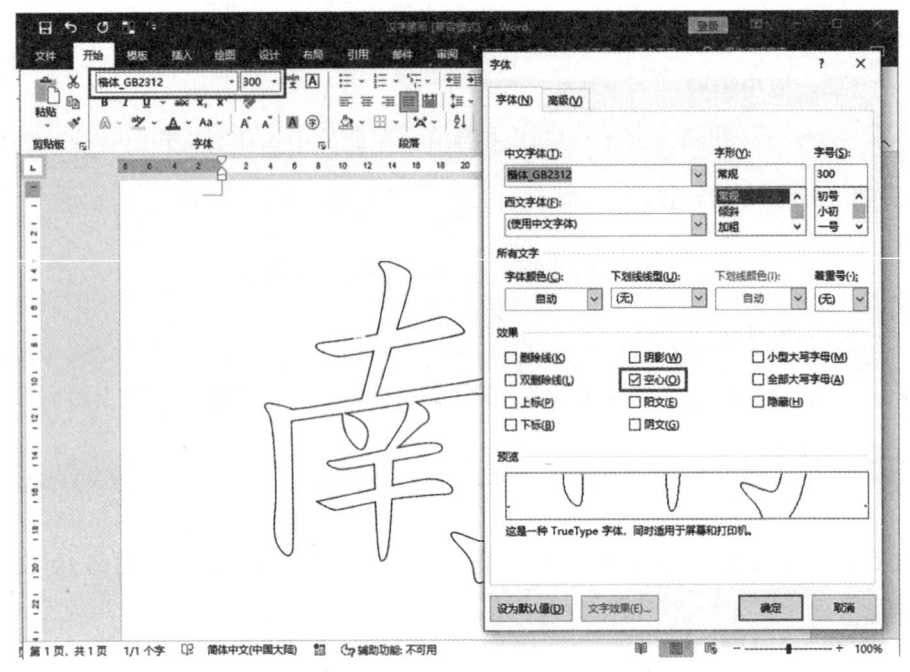

PowerPoint 课件制作与技巧案例研究

图 10-67

（三）选中文字后复制，在幻灯片中点击"选择性粘贴"→"图片（Windows 元文件）"，如图 10-68 所示。

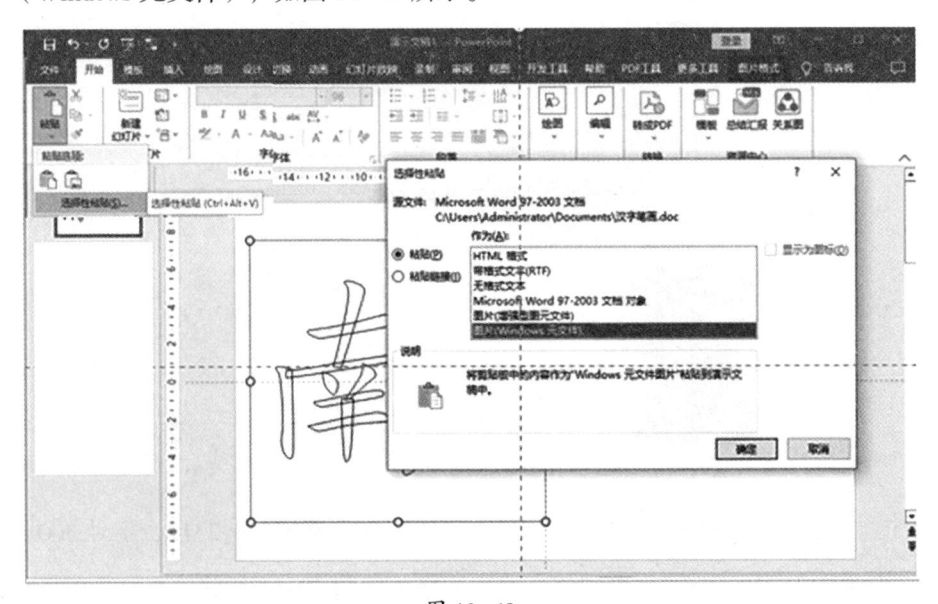

图 10-68

第十章　PowerPoint 制作教学课件的技巧案例

（四）复制一份图片，将其执行两次"取消组合"，得到分解后的笔画，如图 10-69 所示。

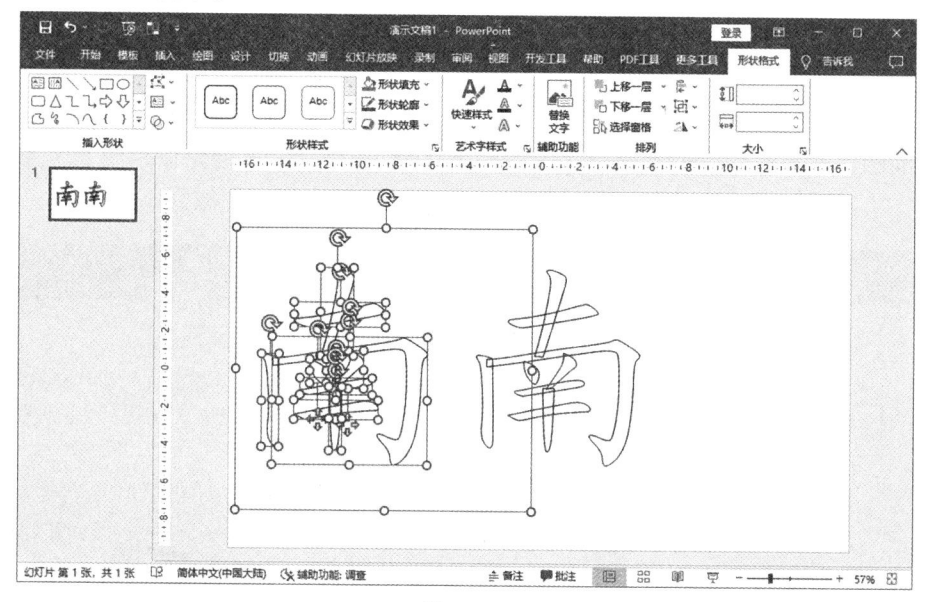

图 10-69

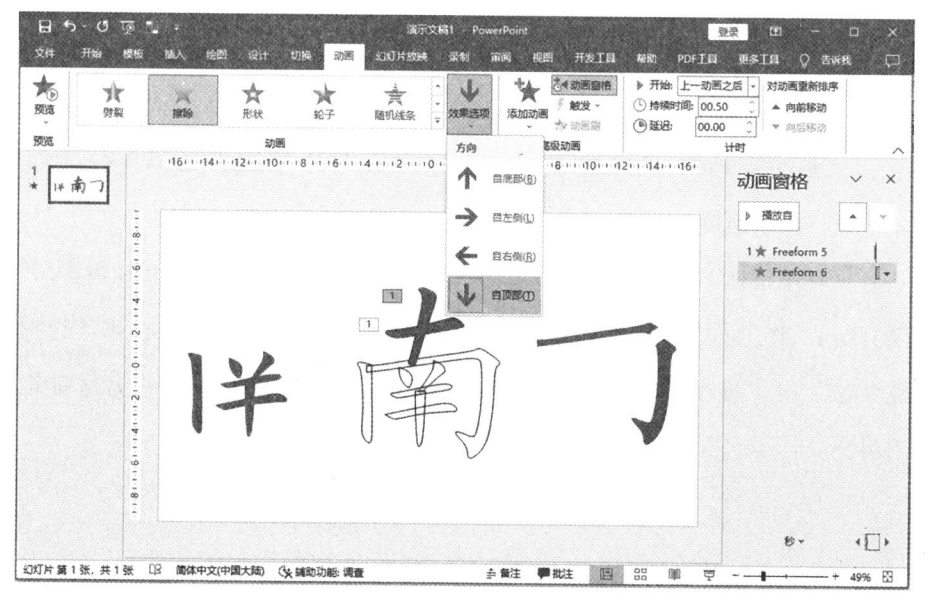

图 10-70

· 181 ·

（五）将所有笔画形状填充为"红色"、形状轮廓为"无"，将横折钩笔画拖到一边，插入一个任意多边形，通过布尔运算中的拆分对它进行分解为横和竖钩，如图 10-70 所示。

（六）按照书写顺序把笔画拖到空心字相应位置，并设置"擦除"进入动画，效果选项根据笔画设为"自左侧"或"自顶部"，开始设为"上一动画之后"，如图 10-71 所示。

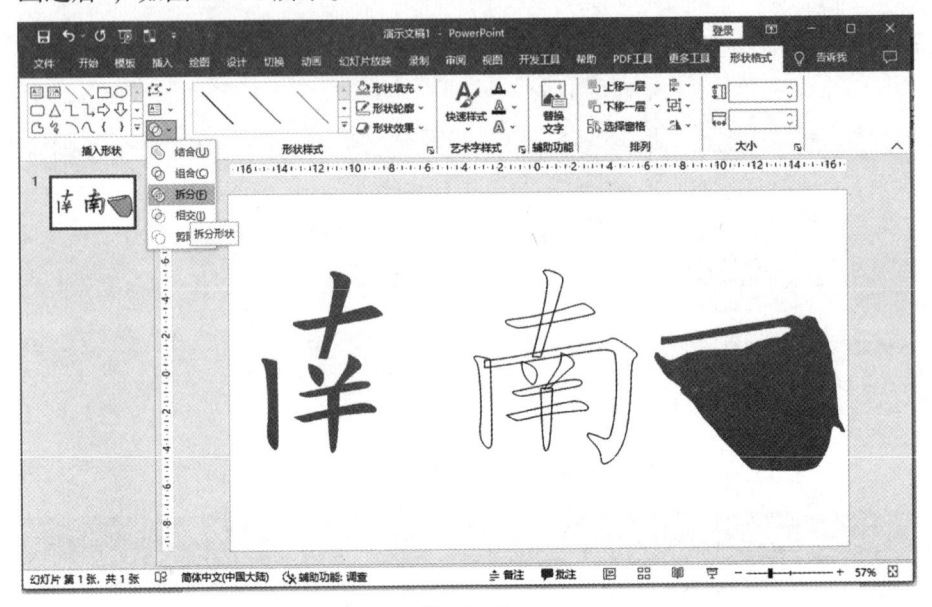

图 10-71

（七）全部笔画的动画设置完成后，放映幻灯片看看效果。

三、应用拓展

只有用楷体 GB_2312 才能做汉字笔画拆分，由于在 Word 2010 版本后，没有空心字，所以要先保存为 Word 97-2003 文档，在幻灯片中点击"选择性粘贴"→"图片（Windows 元文件）"这也是一个关键，只有图片才能取消组合。

后　记

教学是一个由教师、学生、教学内容、教学方法和教学工具及教学手段构成的系统。不难看出，PPT课件制作是这个教学系统的一个组成部分，它只有与教师、学生、教学内容、教学方法和教学工具等因素有机结合起来，并在师生的控制和操纵下才能发挥其应有的作用。

值得注意的是，在计算机辅助教学实践中，有些人容易将课件放在教学的核心地位，课件不是为师生的活动服务，而是师生围绕着课件转。师生迁就课件，受其约束的现象时有发生。甚至在有的课堂教学上，课件成为第一讲授者，教师变成媒体播放员或第二讲授者（重复者）。课件或是挤占师生的活动空间，或是游离于教学活动之外，这样一来，课件的教学作用不仅没有发挥，反而引起人们对课件作用的误解。

对课件的设计、制作、应用和评价应放在整体的教学系统的大背景下进行，不能将课件从整体的教学系统中剥离出来，作为一个独立的或封闭的"系统"。课件是教学系统中的一个子系统。把课件等同于一个完整的教学系统的观点是错误的。这不仅造成相关术语概念的混乱，而且不能正确地把握课件在教学中所处的地位。PPT课件以文、图、声和活动图像等多种符号载体来呈现事物、现象、观念和思想，给教学双方提供了多元化的信息展示方式，这有利于克服单一媒体符号系统在信息交流中存在的困难和障碍，极大地丰富了教学信息的表现形式。

在以文字和口语为主要思维标志的时代，对学生的培养也是以一维线性思维为主。应当说，语言文字的功能是开放的，无论出现多少新的事物、现象和观念，总会有相应的文字符号来表达。然而，它缺少其他媒体符号特有的功能。更重要的是，一维的线性思维对学生的创造性思维的培养存在一定程度的制约。PPT 课件的应用能使学习者的抽象思维和形象思维都得到发展，从而有利于学习者多维化思维方式的形成。

一、能充分调动学生的情感，激发学习兴趣

引导学生对学习的向往，具有良好的兴趣和动机，在学习活动中获得快乐和享受，无一不是我们教师在课堂教学中所追求的目标。然而兴趣和动机并不是天生就固有的，而是通过外界事物的新颖性、独特性来满足学生的探究心理的需要而引起的。在课堂教学中媒体是教学情境的载体，是传输信息的工具和手段。它的作用不仅是用来传递教学内容，而且还会改变传统的教学方法和学习方法，调节课堂气氛，创设学习情境，激发学习兴趣。

学生学习动机和学习兴趣的培养与养成，是学校教育的重要任务之一。兴趣是人们力求认识某种事物或爱好某种活动的倾向。学习兴趣的作用是巨大的。在教与学的关系上，孔子说："知之者不如好之者，好之者不如乐之者。"南宋朱熹也指出："教人未见趣，必不乐学。"著名教育学家皮亚杰则说"儿童不是被动地接受知识，也不是被动的接受环境刺激，而是具有主动性的人，他的活动受兴趣的支配。"

兴趣是最好的老师，多媒体的运用更容易激发学生学习的兴趣，使学生在浓厚的兴趣引导下去体会、理解知识。例如：在《小蝌蚪找妈妈》一课中，要理解"迎上去、追上去、游过去"这三个词的区别。光靠老师讲，学生始终无法理解，况且此知识点对于低年级的学生来说有些枯燥，学生

学习的兴趣也不高，教学效果自然不好。运用课件，就容易多了，几段有趣的动画，再配合教师适当的讲解，学生在看得乐呵呵的同时，这三个词的区别也就迎刃而解了，达到了事半功倍的效果。

二、能更广泛地拓展学生积极思维的空间，培养创新精神

在提倡素质教育的今天，老师的教学不是要束缚孩子们的思维空间，相反，是要去鼓励他们拓展自己的思维空间，也就是求异思维。呈现思维过程，提供丰富的感知、表象，构成一个跃动的"思维场"，为学生实现由具体感知到抽象思维的飞跃架设桥梁，培养创新精神。

能达到这一目的的最好手段就是 PPT 课件的运用。例如《称象》一文，同学们通过 PPT 看到了曹冲称象的四个步骤，通过这些活动的画面，学生们不但了解、掌握了这些步骤，还萌发了新的想法。有个孩子说：老师，我觉得曹冲的办法还不够好，因为石头很重，士兵们搬来搬去不但费时费力，而且称起来也不一定准确。我觉得可以直接让士兵一个个上船，直到划线的地方为止。然后让士兵上岸报出自己的体重，相加起来不就是大象的重量了吗？这样既省时又省力。由此可见，多媒体对拓展孩子的思维确实有着不可估量的作用。

三、有利于优化课堂教学结构

传统的以教师为中心的"传递式"教学方法，教师是知识的传授者，学生是知识的接受者，学习的基本过程是学生感知、理解、巩固和运用。教师在讲台上讲述、示范、演示，学生相应地吸收、记忆、存储，课堂上圈划重点，课后反复抄写、背诵。事实证明，这种以应试能力为目标的教学方式，最大的弊端是扼杀了儿童的创造能力和创新精神。

信息化教育环境下，不再以教师是否能够把教材讲解得清楚明白、分析得深入透彻作为课堂教学评价的重要标准。为教学提供了大容量和集成化的教学信息资源。PPT 课件在一定单位时间内，比传统教学方式能呈现更多的教学信息。课件的信息贮存量大得惊人，可为教师备课、施教提供了丰富的信息资源。同时，它将文字、图形、图画和声音集成在一起，向学生提供多重刺激，给师生的教与学提供了极大的方便。

信息化教育环境下，教师的角色发生了根本变化，由前台的"演"转为后台的"导"，把主要的精力放在事先的备课上，这就要求教师深入钻研教材，把更多的精力投入到为学生提供丰富有序的学习材料，为学生创设最佳学习情境，调动学生的学习兴趣和积极性、主动性，组织学生深入到学习过程中去思考探究，使学生在生动活泼的氛围中愉快而自觉主动地学习，让学生能最大限度地发挥其积极性、主动性。

PPT 课件在呈现信息上可以用多种信息组合方式和结构，如用非线性的网状结构，以界面上的多个和框面间的灵活跳转性能而形成多种信息呈现步骤和途径，这就为多重学习目标的实现，多个学习路径的发展和多层学习水平的展开创造了条件。也为教师灵活控制教学进程，学习者自主学习时灵活把握进度奠定了基础。有利于优化课堂教学结构，同时极大地提高了老师对学生因材施教。

四、提供更多的知识点，开阔视野

传统教学，老师都是依赖于课本讲课，特别是自然、社会等课程，由于教材提供的材料有限，一节课的时间有限，作为老师只有让学生掌握几个知识点便完成任务，试想，这样的学习怎么能让学生开阔视野，获取更多的知识点呢？怎么能迎接信息时代的挑战呢？不过，PPT 课件的应用，就马上使这一现象有了明显的改观。例如，在进行《地球引力》一课教学时，

后记

我们可以提出一些具有创造性、启发性的问题，在学生学习基本知识的过程中，启发学生的创新意识。针对本节课的内容，我先把事先准备好的精美课件向学生展示地球上存在的各种美丽的事物，包括高山、流水、动物的奔跑、植物的生长等，先使学生产生一种美的感受，感受自然之美。之后，给学生展示这些物体随着地球旋转的过程，提出具有启发性、探究性的问题："地球另一面的这些事物会不会随着地球的旋转而掉下来呢？"从学生当时的课堂反应来看，一下抓住了学生的好奇心理、激发了他们探究的欲望，不仅增长了知识，开阔了眼界，更让他们从此爱上了这门学科。可想而知，收到了良好的教学效果，怎么样，PPT的作用确实非同一般吧！

总之，使用PPT课件来辅助教学是一种新型的行之有效的教学手段和方法，这就需要我们教育工作者制作大批高质量的多媒体教学软件，促使教学向现代化的教学手段迈进，为提高学生的能力，落实素质教育，提高教学质量做出自己应有的贡献。

参 考 文 献

[1] 杨波，王建书.PowerPoint课件设计制作中的问题分析及改进对策[J]. 中国电化教育，2009，(05):76-79.

[2] 程英.近十年来中国对PowerPoint的研究[J].电化教育研究，2010，(06):33-38.DOI:10.13811/j.cnki.eer.2010.06.012.

[3] 彭莹.基于知识体系的多媒体网络课程及工具研究[D].武汉大学，2010.

[4] 刘跃军.教师制作PPT课件存在的问题与对策[J].中国教育信息化，2009，(18):26-28.

[5] 梁淑轩，孙汉文.优化Powerpoint电子教案提高课堂多媒体教学质量[J].化工高等教育，2004，(04):63-65.

[6] 莫永华，吕永峰.多媒体课件制作从技术上升到艺术之"五步曲"——以PowerPoint为例[J].现代教育技术，2008，(03):101-103.

[7] 郑小军.PowerPoint课件交互设计策略及实现[J].中国教育信息化，2008，(20):62-64.

[8] 陈秋楷.利用PowerPoint制作个性化的多媒体外语课堂教学课件[J].中国电化教育，2002，(09):51-53.

[9] 王立，陈江辉，许毓光.多媒体课件制作的探索与实践[J].中国现代医学杂志，2004，(05):149-150.

[10] 王艳.利用 PowerPoint 制作教学课件的原则与技巧[J].中国教育信息化，2007，(18):51-53.

[11] 王茜.浅谈 PPT 课件制作技巧[J].电脑知识与技术，2010，6(02):418-419+431.

[12] 吕永峰，黄国玲，莫永华.多媒体课件制作中应注意的问题[J].中国现代教育装备，2008，(03):137-139.

[13] 苗卫平，牛海云.利用 PowerPoint 软件制作多媒体教学课件[J].电子科技，2004，(01):58-60.

[14] 付志文，吴东醒，周堇言.快速 E-learning 课件技术的研究与应用——以《多媒体教学》网络课程开发为例[J].中国教育信息化，2013，(12):50-52.

[15] 周丽.PowerPoint 课件设计制作存在的问题及对策[J].电脑知识与技术，2014，10(19):4469-4471.

[16] 张菊.浅谈用 PowerPoint 制作高质量课件的技巧[J].长春教育学院学报，2011，27(08):84-85.

[17] 鲁松.基于 PowerPoint 的高品质演示型课件开发技巧[J].中国教育信息化，2010，(02):71-73.

[18] 范小彬.多媒体课件制作软件的对比与选用[J].中国现代教育装备，2010，(21):32-33.

[19] 寻尚同.PPT 课件文字编排与界面设计的艺术性探讨[J].中国科教创新导刊，2013，(14):149+151.

[20] 尹涓，崔晓曦.浅谈 PowerPoint 课件高效制作的设计与技巧[J].信息与电脑(理论版)，2015，(14):197-198.

[21] 汪执政，袁晓斌，墨子甜.PowerPoint 课件中交互的实现[J].软件导

刊，2014，13(03):190-192.

[22] 陈亚天 .PowerPoint 课件制作研究 [J]. 教学与管理，2013，(30):144-147.

[23] 胡国华 . 优质 PPT 课件的设计与制作策略（五）如何用 PPT 制作交互式课件 [J]. 中国信息技术教育，2011，(23):58-60.

[24] 周扬帆 .PowerPoint 课件的静态制作与设计策略研究 [J]. 电脑知识与技术，2016，12(03):237-239.DOI:10.14004/j.cnki.ckt.2016.0412.

[25] 王万生，曹鹏飞，顾问，等 . 课堂教学多媒体课件制作及应用 [J]. 中国教育信息化，2013，(10):65-66+87.

[26] 吴英男 .PowerPoint 多媒体课件制作技巧研究 [J]. 科技视界，2012，(31):15-16.DOI:10.19694/j.cnki.issn2095-2457.2012.31.008.

[27] 于大泽，龙英艳 . 浅谈 PowerPoint 教学课件制作中的问题及改进策略 [J]. 科技信息，2010，(25):509-510.

[28] 韩艳 .PowerPoint 多媒体课件制作技巧的探讨 [J]. 考试周刊，2018，(50):4-5.

[29] 杨玉蓓，冯琳涵 .PowerPoint 2016 高级应用案例教程 [M]. 人民邮电出版社 :202210.193.

[30] 王斯莹 . 多媒体课件（PowerPoint）在高中语文课堂的应用现状及改进策略研究 [D]. 东北师范大学，2012.

[31] 施道丽 . 浅析使用 PowerPoint 进行多媒体课件的制作方法 [J]. 科学技术创新，2020，(01):83-84.

[32] 石丽 . 利用 PowerPoint 制作多媒体课件的技巧探究 [J]. 中国新通信，2024，26(05):113-115.

[33] 李红艳，耿斌，白林林，等 .Office 2016 办公软件应用案例教程 [M]. 人民邮电出版社 :202208.333.

[34] 向瑜 .PowerPoint 课件制作的设计原则和实用技巧 [J]. 信息与电脑

（理论版），2020，32(22):154-156.

[35] 潘水姐，蒋文英，莫永华.PPT课件制作之分层文本可视化[J].广西教育学院学报，2019，(04):185-189.

[36] 王青松.巧用PPT课件提高课堂教学效率[J].现代职业教育，2018，(33):138.

[37] 梁胶东.计算机应用基础[M].机械工业出版社:202211.464.